EIN SCHWUNG FÜRS LEBEN

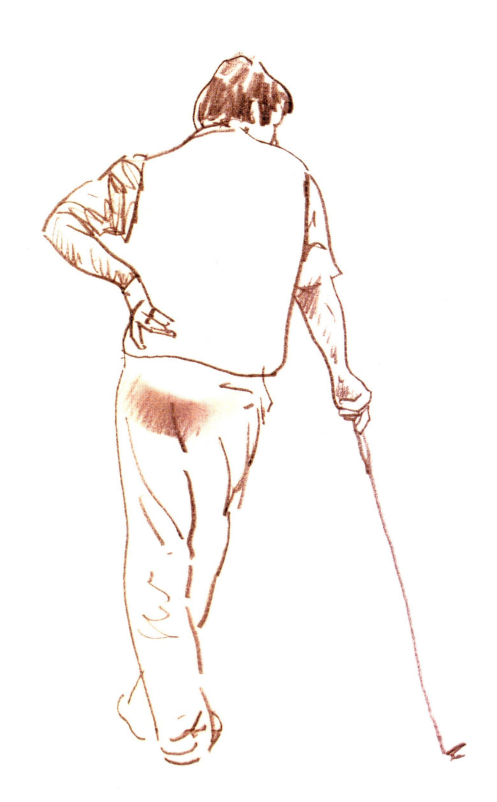

EIN SCHWUNG FÜRS LEBEN

Nick Faldo
und Richard Simmons

Fotos: David Cannon
Illustrationen: Harold Riley

Jahr Verlag Hamburg

*Für Gill, meine Familie,
meine Freunde
und das Faldo-Team*

Alle Rechte vorbehalten

Copyright © 1995 by Nick Faldo (International) Ltd.
Fotos: David Cannon/allsport
Illustrationen: Harold Riley

Veröffentlicht von Chapmans Book im Orion Publishing Verlag, London,
unter dem Titel „A SWING FOR LIFE"

Die Deutsche Bibliothek – CIP-Einheitsaufnahme

Ein Schwung fürs Leben / Nick Faldo und Richard Simmons.
Fotos: David Cannon. Ill.: Harold Riley. [Aus dem Engl. übers.
von Rainer Schillings]. Hamburg : Jahr, 1995
   Einheitssacht.: A swing for life <dt.>
   ISBN 3–86132–164–5
NE: Faldo, Nick; Cannon, David; Schillings, Rainer [Übers.]; EST

Alle Rechte in deutscher Sprache bei

Jahr-Verlag GmbH & Co.
Jessenstr. 1, D-22767 Hamburg
Telefon 040/38906-0, Telefax 040/38906-302

Aus dem Englischen übersetzt von
Rainer Schillings

Satzherstellung: Partner Satz GmbH, Hamburg

Titelgestaltung: Jens Dröse
Titelfoto: allsport/David Cannon

ISBN 3–86132–164–5

INHALT

Einleitung — 6

1 Meine Schlüsselgedanken — 14

2 Praktische Grundlagen — 28

3 Ein Schwung fürs Leben — 48

4 Timing und Tempo – *Schlüssel zur Beständigkeit* — 76

5 Beeinflussung des Balls — 96

6 Meine Drive-Strategie — 114

7 Putten – ein individueller Touch — 134

8 Chippen und Pitchen – *das System meines kurzen Spiels* — 156

9 Bunker-Training — 176

10 Das Spiel — 200

Turniersiege — 223

Fotos — 224

Einleitung

Es war 1971, als ich mich erstmals für den Golfsport interessierte. In jenem Jahr hatte Charles Coody die Masters gewonnen, Johnny Miller und Jack Nicklaus belegten gemeinsam den zweiten Platz. Eigentlich war es nur ein flüchtiger Moment im Fernsehen, der ausreichte, mich neugierig zu machen. So buchte ich in unserem Heimatclub Welwyn Garden City während der Osterferien eine Serie von sechs Unterrichtsstunden.
Selbstverständlich ging ich davon aus, die ersten Bälle auf dem Platz zu schlagen. Aber Chris Arnold, seinerzeit zweiter Golflehrer, hatte andere Pläne. Er bestimmte, wo es langging und konzentrierte sich darauf, mir nach den damals gültigen Lehrmethoden die Grundzüge des Griffes und der Standposition beizubringen. Soweit ich mich erinnere, ließ er mich erst in der dritten Unterrichtsstunde Bälle schlagen. Trotzdem – ich war vom Golffieber gepackt. Fahrradfahren und Schwimmen waren bis zu diesem Zeitpunkt die einzigen Sportarten, für die ich mich interessierte. Und nun schien Golf überhandzunehmen. Genau genommen war ich verrückt nach der Herausforderung, und als sich herausstellte, daß meine Ambitionen nicht vorübergehender Natur waren, schenkten mir meine Eltern zu meinem 14. Geburtstag einen halben Schlägersatz. Das war der eigentliche Startschuß zu meiner Karriere.
Mein Durchmarsch durch die diversen Junioren-Ranglisten verlief klassisch. Ich hatte das Glück, in Welwyn Mitglied werden zu können, wo mich der damalige Headpro, Ian Connelly, unter seine Fittiche nahm. Es war der Beginn einer Beziehung, die über zehn Jahre andauern sollte. Ian war ein wundervoller Lehrer, und meine Begeisterung für den Sport wurde nur von seiner eigenen übertroffen. Er überzeugte mich davon, daß ich durchaus das Talent hätte, mir in der Amateurszene einen Namen zu machen. Klar, daß er mir dabei half, an meinem Schwung zu arbeiten. Während der folgenden Sommer verbrachte ich meine Zeit zwischen dem Platz, der Driving Range und dem Puttinggrün. Stunden konnte ich dort zubringen. Und wie die meisten golfverrückten Jugendlichen hatte ich nicht nur ein todsicheres kurzes Spiel, sondern auch mein Handicap purzelte in einstellige Regionen.
Ians Hauptaugenmerk richtete sich von Anfang an auf einige vermeintlich simple Dinge wie den Griff und die Ansprechposition. Diese Aufmerksamkeit gegenüber so grundsätzlichen Details spielt seitdem in meinem Golf eine Hauptrolle. Vor allem brachte er mir die tatsächliche Bedeutung von Spielrhythmus

8 • EIN SCHWUNG FÜRS LEBEN

Nick Faldos Liebe zum Golf wurde durch Bilder von der Masters in Augusta beeinflußt. Wie vor ihm nur Jack Nicklaus, wurde ihm 1989 und 1990 die Ehre zuteil, in zwei aufeinanderfolgenden Jahren das Grüne Jackett zu gewinnen.

bei, worauf ich meine Fähigkeit zurückführe, jeden einzelnen Schläger aus meiner Tasche in einem angemessenen Tempo zu schwingen. So handelt das vierte Kapitel ausschließlich von Tempo und Timing, ein Aspekt, der mich an jene Jugendtage erinnert. Dazu muß man wissen, daß die Driving Range von Welwyn kaum 140 Meter lang war, und ich erinnere mich, wie ich mit einem 3er Eisen in Händen von Ian angehalten wurde, den Ball exakt innerhalb des Grenzzaunes zu plazieren.

„Je leichter du schwingst, desto besser wirst du den Ball treffen", pflegte Ian zu sagen. Und natürlich hatte er recht. In der Zwischenzeit war ich 16 Jahre alt und hatte die Schule verlassen. Ich hatte mir in den Kopf gesetzt, Golfprofi zu werden, nicht ohne mir von meinen Lehrern Sätze wie „nur einer von Tausend schafft es" anhören zu müssen. Dies machte mich nur noch entschlossener.

Als großer und schlanker Teenager neigte mein Schwung dazu, zu aufrecht zu sein. Ich nehme nicht an, daß ich dieser Tatsache in der Weise abhalf, indem ich versuchte, den Schwung von Jack Nicklaus und Johnny Miller zu kopieren – zwei Spieler, denen man nachsagte, sie bewegten ihren Schläger in einer flüssigen Rückbewegung vom Ball weg. Aber so war nun mal die Mode. Überhaupt konzentrierte sich Golfunterricht zu jener Zeit auf die Rolle der Hände und Beine, was zusätzlich mit klischeehaften Lehrsätzen untermauert wurde: „Bewegen Sie die Beine, um Kraft zu erzielen" oder „zielen Sie gen Himmel, und beobachten Sie die Flugbahn". Wie viele junge Spieler dieser Generation hatte ich am Ende den charakteristischen Durchschwung, der aussah wie ein umgekehr-

EINLEITUNG • 9

tes C. Mit so vielen, völlig voneinander unabhängigen Bewegungsphasen hing die Qualität meines Schwunges ausschließlich von meinem Handeinsatz im Treffmoment ab. Gefühl war eigentlich alles. Lange Rede, kurzer Sinn: Während meine Hände perfekt agierten, bewegte ich meinen Körper völlig unzulänglich. Diese Elemente meines Schwungs liefen einzeln ab, obwohl sie eigentlich zusammen arbeiten sollten. Jeden Tag mußte ich sehr viel üben, nur um ein ungefähr gleichbleibendes Niveau beim Schlagen beizubehalten, wobei mir immerhin mein Schwungrhythmus zu Hilfe kam. Außerdem hatte ich Glück. Wenn mein Timing mal nicht stimmte, so konnte ich wenigstens mit meinem kurzen Spiel einiges wettmachen.

Im Jahr 1975 paßte alles wunderbar zusammen, und ich hatte meine beste Amateursaison. Mit insgesamt zehn Turniersiegen, einschließlich der Berkshire Trophy, der English Amateur und der British Youths Championship, stellte ich sogar einen neuen Rekord auf. In der darauffolgenden Saison wurde ich Golfprofi, wobei ich auch in den folgenden sieben Jahren mit Ian trainierte. Wir waren ein erfolgreiches Team. So verdanke ich ihm mein Ryder-Cup-Debut im Jahr 1977 sowie, ein Jahr später, mit dem Sieg bei der Colgate PGA Championship auch meinen ersten großen Profiturniererfolg.

Es hat sich zwar inzwischen geändert, aber damals galt Amerika noch als die wahre Herausforderung. Mein einziges Ziel war, eine Major Championship zu gewinnen. Und um dieses Ziel zu erreichen, wollte ich mich auf der denkbar anspruchsvollsten Tour beweisen. 1981 ging ich deshalb auf die US-Tour, eine Erfahrung jedoch, die für mich einen Schock bedeutete. Auf der europäischen Tour hatte ich mich als einer der Spitzenspieler etabliert, nun aber, da ich mich jeden Tag mit Männern wie Tom Watson oder Jack Nicklaus messen mußte, eröffnete sich vor meinen Augen ein völlig neues Spiel.

Was mich am meisten beeindruckte, war

die Tatsache, daß jene Spieler, die regelmäßig gewannen, in der Lage waren, ihre Bälle wesentlich kontrollierter zu schlagen als ich. Der allzu steile Auftreffwinkel (angle of attack) (unausweichliche Folge meiner zu starken Beinarbeit) verursachte eine unbeständige und hohe Flugbahn, so daß mein Spiel bei jeder Art von Wind sehr verletzlich wurde.

Die Wende kam 1983. Nach zwei glanzlosen 76er Runden während der Masters entschied ich, eine Woche lang in Texas an meinem Schwung zu arbeiten. Zufällig traf ich dort auf der Driving Range den amerikanischen Ryder-Cup-Spieler Mark O'Meara, der mich bei meinem Spiel beobachtete. Während ich Bälle schlug, stellte er fest, daß der Schlägerkopf während des Rückschwungs irgendwie zurückblieb, was wiederum einen viel zu steilen Rückschwung verursachte. Sein Rat war, daß ich daran arbeiten sollte, die Schlagfläche leicht zu öffnen, während ich den Schläger vom Ball wegbewegte. Tatsächlich war dies eine Methode, die schon Ben Hogan vorgeschlagen hatte. Zu diesem Zeitpunkt ahnte ich nicht, wie sehr dieser harmlos klingende Tip meine Karriere beeinflussen würde.

Drei ganze Tage lang blieb ich auf der Driving Range, bis ich mich mit dieser Bewegung, die damals als revolutionär galt, angefreundet hatte. Tatsache ist, daß sie etwas veränderte. Das „Auffächern" des Schlägerblatts ließ meinen linken Unterarm vom Ball weg rotieren, was wiederum dafür sorgte, daß meine Arme verstärkt um meinen Körper herumschwangen. Dies sorgte bei mir für einen flacheren und kräftigeren Schwung. Zugleich begann ich, den Ball tiefer zu treffen, so daß die Flugbahn gerader und schärfer geriet. Für eine kurze Weile fühlte ich mich mit diesem neuen Schwung sehr wohl, und mein Selbstvertrauen wuchs. Kaum auf die europäische Tour zurückgekehrt, gewann ich prompt im Zeitraum von vier Wochen sechs Turniere.

Aber, wie von solch einem einseitigen Trainingsergebnis nicht anders zu erwarten, schwanden nach und nach die positiven Auswirkungen. Bei der Open Championship 1983 in Birkdale schließlich erlebte ich meine Bruchlandung. Während der vierten Runde lag ich in Führung, und nur noch neun Löcher trennten mich vom Sieg. Vor allem das kurze Spiel hatte bis dahin dafür gesorgt, daß ich zufrieden war. Doch als die kritische Phase eintrat, verlor ich vollkommen den Boden unter den Füßen. Während Tom Watson seine Schüsse in Richtung Flagge beziehungsweise zu seinem fünften Open-Titel abfeuerte, verlor ich den Faden und belegte schließlich nur Rang acht.

Ein Jahr später begegnete ich in Sun City erstmals David Leadbetter. Still beobachtete er mich auf dem Übungsabschlag und gab mir schließlich ein oder zwei Anregungen, mit denen ich an meinem Schwung arbeiten sollte. Sein Wissen und sein Enthusiasmus für die Materie waren schlicht überwältigend. Er sprach in einer Weise vom Schwung, wie ich es zuvor noch niemals gehört hatte. Kurz – sein Stil überzeugte mich.

David sprach aus, was ich eigentlich schon längst wußte: Um mein Ziel, der Sieg bei einer Major, zu erreichen, würde ich hart daran arbeiten müssen, die unbeständigen Elemente meines Schwungs zu eliminieren und eine Methode zu entwickeln, die es mir auch unter Druck ermöglichen würde, einen wiederholbaren Schwung durchzuführen. Aber er sprach auch von Dingen, die ich noch nicht kannte. Indem er mich auf die Rolle der großen Muskeln im Körper aufmerksam machte, erklärte David mir, daß ich meinen Schwung mit einer passiven Beinarbeit stabilisieren müsse. Auf diese Weise würde ich eine Art Widerstand gegenüber der Drehung meines Rumpfes aufbauen. So wie man eine Feder aufzieht, sollte ich lernen, meinen Oberkörper über den Widerstand meiner Knie und Hüften hinweg unter Spannung zu setzen, um schließlich diese Drehmoment-Energie im Abschwung durch den Ball hindurch zu entladen. Was er als athletische Bewegung bezeichnete, war nichts weiter, als die Arme harmonisch mit der Bewegung des Körpers schwingen zu lassen, während die Hände im wesentlichen passiv blieben.

Eines der Dinge, die mich bei David Leadbetter am meisten beeindruckte, war sein profundes Wissen. Auf jede Frage hatte er eine logische Antwort, was mich dazu anstachelte, immer mehr herauszufinden. Ich wollte nicht einfach nur meinen Schwung aufmöbeln, sondern ich wollte vor allem meinen Schwung verstehen. Sechs Monate nach unserem ersten Treffen forderte ich David auf, meine sämtlichen Fehler aufzudecken. Mit 28 Jahren drückte ich quasi wieder die Schulbank und unterzog jeden Aspekt meines Spiels einer genauen Prüfung. Wir fingen ganz von vorne an. David brachte mir bei, eine athletischere Ansprechposition einzunehmen, einen Stand, der von vornherein eine gute Körperdrehung ermöglicht. Ich lernte, meinen Schwung mit Hilfe der Rotation der Rückenmuskulatur zu kontrollieren und auf diese Weise die Bewegung meiner Arme und des Schlägers zu synchronisieren.

„Der Hund wedelt mit dem Schwanz und nicht umgekehrt" – dies ist – auf einen Nenner gebracht – Davids Philosophie. In der Tat findet seine Form der Körperbeherrschung beim kurzen Spiel und beim Putten ebenso Anwendung wie beim vollen Schwung.

Natürlich kam der Erfolg nicht über Nacht. Die Veränderungen brauchten ihre Zeit und erforderten harte Arbeit. Aber Stück für Stück schaltete ich überflüssige Bewegungen aus und lernte, der Rolle meines Körpers zu vertrauen. Mehr und mehr entwickelte ich einen wiederholbaren, kompakten Schwung. Den übertriebenen Beineinsatz, der mir früher so viele Probleme bereitete, ersetzte ich durch eine unterstützende Körperbewegung, während ich das umgedrehte

EINLEITUNG • 13

C, typisch für meinen Durchschwung in den 70er Jahren, heute durch einen runderen Schwung ablöse.

Alles in allem ist eines der Hauptergebnisse der vollzogenen Änderungen, daß mein neuer Schwung flacher ist und mir einen kräftigeren Schlagwinkel ermöglicht, wodurch letztlich der Schlag an sich besser wurde. Ich fand heraus, wie man mit jedem Schläger aus der Golftasche einen Schlag nach gleichem Muster wiederholbar macht. Zum ersten Mal während meiner Karriere hatte ich das Gefühl, wirklich den Ball zu kontrollieren. Besser noch: Ich verstand plötzlich auch warum. Doch wie ist es möglich, daß diese Biographie Ihnen bei Ihrem Spiel hilft?

Ganz einfach. Mein bisheriges Leben habe ich damit zugebracht, Golf zu lernen und zu spielen. Ich habe genügend Bälle geschlagen, um zu wissen, was funktioniert und was nicht. Was ich jetzt möchte, ist, daß Sie von meinen Erfahrungen profitieren. Man könnte sagen, daß dieses Buch die Quintessenz von 20 Jahren mühseliger Feldarbeit repräsentiert – oder anders, es zeigt die Schlüssel, die mir das Tor zu fünf Major-Siegen öffneten.

Wie aus einer Nußschale können Sie diesem Buch entnehmen, wie ich Golf spiele. Es ist ein praktisches, vollkommen sachliches Buch über den Weg, wie meiner Meinung nach ein guter Schwung Form annimmt. Stück für Stück werden die Fähigkeiten analysiert, die Sie brauchen, eine Spielweise fürs Leben aufzubauen. Während ich das Grundwissen, wie man einen Schwung entwickelt und sämtliche Aspekte des kurzen Spiels und des Puttens beschreibe, habe ich mich bemüht, mich so einfach wie nur möglich auszudrücken. Auch habe ich versucht, die für mich hilfreichsten Gedanken zu betonen. Beim Lesen werden Sie dem Buch viele Tips und Übungen entnehmen können, die mir bei meiner eigenen Turniervorbereitung halfen und von denen ich weiß, daß sie auch Ihre eigenen Fortschritte beschleunigen werden.

Das ist alles natürlich leicht gesagt. Letztlich bestimmt Ihr Engagement beim Lernen, ob Sie Ihr Potential voll ausschöpfen und niedrigere Scores erzielen können. Niemand kann Ihnen diese Arbeit abnehmen. Wenn dieses Buch Sie dazu anregt, an Ihrem Spiel zu arbeiten, dann haben sich meine Wünsche erfüllt. Doch um die Fortschritte wirklich stabilisieren zu können, brauchen Sie einen Golflehrer, der Ihnen Mut macht und Ihnen beisteht. Jemanden, dem Sie vertrauen. Wenn Sie sich für einen Lehrer entschieden haben, wozu ich Ihnen rate, dann unterziehen Sie sich einer Serie von Unterrichtsstunden, so wie ich es als Junge getan habe. Geben Sie dem Pro eine Chance, Sie kennenzulernen, damit er weiß, welche Bedürfnisse und Wünsche Sie haben. Auf diese Weise werden Sie beide den Lernprozeß genießen.

Wenn Sie die auf diesen Seiten enthaltenen Gedanken lesen und mit ihrer Hilfe trainieren, werden Sie ein besserer Golfer, der mit allen Situationen leichter fertig wird. Dessen bin ich mir sicher.

1
Meine Schlüsselgedanken

*Ein guter Schwung ist von Anfang bis Ende flüssig.
Der Schlüssel zum Erfolg ist,
eine Serie von Bewegungen aneinanderzuschweißen,
um letztlich eine fließende Kettenreaktion hervorzubringen.*

Das beständigste Golf meiner bisherigen Karriere spielte ich 1990 bei meinem Open-Sieg in St. Andrews. Über die aufregende Dauer von 72 Löchern verfehlte ich nur zwei Grüns im direkten Anspiel und leistete mir nur ein einziges Mal drei Putts. Dagegen war mein Sieg 1987 in Muirfield ein langer, steiniger Weg. Auf dem Old Course gelang mir jene Art Golfspiel, von dem ich immer geträumt hatte, wie ich es bei einer Major spielen wollte. Mein Schwung lief ab wie ein Uhrwerk; ich hatte das Gefühl, als sei der Ball am Ende einer Schnur befestigt. Aber jene Woche war auch noch aus anderer Sicht bezeichnend. Auf der Driving Range, nur wenige Tage vor Beginn der Meisterschaft, versuchte ich, die Schlüsselgedanken bezüglich meines Schwungs auf einige wenige „Auslöser" zu reduzieren. Am Ende waren es drei oder vier. Sie halfen mir, mich zu sammeln, so daß ich in der Lage war, meine Gefühle zu kontrollieren und meinen Schwung selbst unter Druck zu wiederholen. Natürlich kommen – und gehen – solche Schwunggedanken. Aber im Laufe der Jahre habe ich die bewährtesten herausgefunden. Diese bezeichne ich als meine Schlüsselgedanken, und sie beinhalten die Quintessenz dessen, wofür ich gearbeitet habe – der Schwung, den ich Ihnen nachfolgend beibringen will.

Wenn Sie nun dieses Buch durchgehen und mehr darüber herausfinden, wie ein guter Schwung funktioniert, werden Ihnen einige Worte und Sätze im Gedächtnis haften bleiben. Diese Gedanken müssen Sie dann benutzen, um Ihre eigene Kettenreaktion auszulösen. Letzten Endes muß es Ihr Ziel sein, einen Schwung zu entwickeln, der ebenso leicht wie effektiv ist – mit anderen Worten ein Schwung, der im wahrsten Sinne des Wortes von selbst abläuft.

Auf dem Old Course von St. Andrews schließlich spielte ich so Golf, wie ich es mir während einer Major immer erträumt hatte.

Ansprechposition – Knie

Nummer eins meiner Schlüsselgedanken betrifft die Ansprechposition und insbesondere die Knie. Dieser Gedanke erinnert mich schlicht daran, daß ich meine Knie beuge, bis ich eine starke, fast athletische Spannung in jedem Oberschenkel verspüre. Wenn mein Unterkörper sozusagen eine kraftvolle Aufhängung darstellt – und das ist ein gutes Bild, das man sich leicht merken kann –, so dienen die Knie als empfindliche Stoßdämpfer, die dem Chassis seine Balance verleihen. Während des Schwunges selbst nutze ich sie, der Drehbewegung meines Oberkörpers einen Widerstand entgegenzusetzen, so als ob man eine Sprungfeder aufzieht.

Wenn ich schließlich bereit bin, wackle ich einige Male mit dem Schlägerkopf, um zum einen meinen Körper von Verspannungen zu lösen, zum anderen, um ein Gefühl für die korrekte Arm- und Handgelenksbewegung beim Beginn des Schwunges zu bekommen.

Der Rückschwung – in Stellung drehen

Um sich die Wahrnehmung des Einpendelns auch wirklich zunutze machen zu können, versuche ich, den Schwung des Schlägerkopfes früh in den Rückschwung der synchronisierten Arm-, Handgelenks- und Körperbewegung zu integrieren. Alles gehört zusammen.
Ich achte darauf, daß meine Handgelenke bereits voll abgewinkelt sind, wenn mein linker Arm die Horizontale im Rückschwung erreicht hat. Um dies zu erzielen, bemühe ich mich, meinen linken Unterarm in Uhrzeigerrichtung zu drehen, während ich den Schlägerkopf vom Ball wegbewege. Dies mag sehr kompliziert klingen, aber wenn Sie alle diese Bewegungen vor einem Spiegel durchspielen, werden Sie feststellen, daß sie recht einfach ineinander übergehen.
Ich glaube, daß diese Position einer der Schlüssel zu meinem Spiel ist. Um meinen Rückschwung zu vollenden, brauche ich nichts weiter zu tun, als meine Schultern und meinen Oberkörper über den Unterbau, bestehend aus Hüften und Knien, zu drehen.

MEINE SCHLÜSSELGEDANKEN • **19**

Zur Spitze – drehen

…und das ist der Beweis: Solange ich meinen linken Arm drehe und die Handgelenke in eine korrekte Stellung bringe, um diesen beschriebenen kritischen Punkt auf halbem Weg des Rückschwungs zu erreichen, brauche ich nichts weiter als eine volle Schulterdrehung, um im höchsten Punkt des Rückschwungs eine stabile Linie zum Ziel zu erlangen.

Der Schlüsselgedanke meines Rückschwungs heißt also „drehen" und veranlaßt die großen Muskeln im Oberkörper, die Regie zu übernehmen und den Schläger in die vollständig aufgespulte Position zu bringen. Da ich mein rechtes Knie als stabile Stütze einsetze, muß ich lediglich meine Schulter um 90 Grad drehen, und mein Rücken wird zum Ziel weisen. Mehr brauchen Sie nicht zu machen.

MEINE SCHLÜSSELGEDANKEN • **21**

Der Übergang – langsam abspulen

Wenn man einmal die „Feder" aufgezogen hat, wird es Zeit, sie zu lösen. Bei den meisten Golfern besteht hier die Gefahr, daß sie diesen Übergang im höchsten Punkt des Rückschwungs überhasten. Aus diesem Grund heißt hier mein Schlüsselgedanke „langsam abspulen". Die Erfahrung hat gezeigt, daß ich bei ausreichender Zeit für einen guten Schwung auch einen solchen zustande brachte. Wenn ich mich aber zu sehr beeilte, konnte ich mich gleich von diesem Schlag verabschieden.

Immer wenn ich unter Druck spielen muß, versuche ich, mir bewußt zu machen, alles einen Takt langsamer und möglichst natürlich ablaufen zu lassen. Im Idealfall mag dies fast aussehen wie ein Schwung in Zeitlupe. Woran Sie sich stets erinnern müssen, ist, daß sich die Geschwindigkeit Stück für Stück aufbauen muß. Sie selbst spielt lediglich im Treffmoment eine Rolle, und genau das ist der Punkt, auf den Sie sich konzentrieren müssen.

MEINE SCHLÜSSELGEDANKEN • **23**

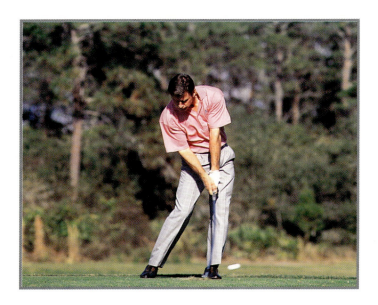

Der Treffmoment – aufpassen

Ein alter Ratschlag, aber immer noch der beste. Kurz vor und während des Treffmoments lautet mein Schlüsselgedanke „aufpassen". Ich konzentriere mich auf die Rückseite des Balls.

Es stört mich übrigens nicht, wenn Sie den Kopf während des Rückschwungs leicht seitlich bewegen. Wenn überhaupt, dann unterstützt dies eine volle Schulterdrehung. Beim Abschwung jedoch versuche ich, meinen Kopf so ruhig wie nur möglich und meine Wirbelsäule im gleichen Winkel zu halten, während sich der Körper in Richtung Ball zurückdreht. Das bewahrt einen davor, dem Ball quasi vorauszueilen. Für einen präzisen Schlag muß ich lediglich aufpassen, wie sich meine Schultern zum Ziel hin öffnen und meine Arme den Schlägerkopf durch den Ball hindurch beschleunigen.

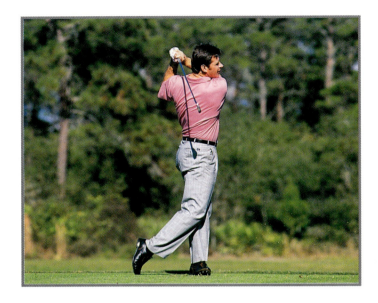

Das Finish – niedrige Hände

Und so auch im Treffmoment. Mein Schlüsselgedanke „niedrige Hände" hilft mir, diese kompakte, runde Endposition zu erreichen, wobei meine rechte Schulter der Teil meines Körpers ist, der dem Ziel am nächsten ist. Von der Eigendynamik des schwingenden Schlägerkopfes gedreht, stelle ich sicher, daß mein Brustkasten zum Ziel hin weist. Während ich meinen Schwung beende, befinden sich meine Schultern buchstäblich auf einer Ebene und meine Hände ganz bequem hinter meinem Nacken. Meine Wirbelsäule nimmt eine fast aufrechte Position ein; meine Knie berühren sich leicht, wobei das Gewicht auf der linken Seite ruht. Ein perfekter Abschluß.

Fazit

Soweit die kurze Einführung, wie ich meinen Schwung beibehalte. Normalerweise konzentriere ich mich lediglich auf zwei Schlüsselgedanken – einen für den Rück- und einen für den Abschwung. Wenn Sie einmal ein paar Schwunggedanken herausgefunden haben, die bei Ihnen funktionieren, dann können – und sollten – Sie diese dazu benutzen, Ihren Rhythmus zu kontrollieren. Sprechen Sie sich ruhig Ihre Gedanken laut vor, während Sie trainieren. Häufig reihe ich zwei Begriffe, zum Beispiel „drehen" und „aufpassen", aneinander.

MEINE SCHLÜSSELGEDANKEN

2

Praktische Grundlagen

*Je intensiver ich an meinem Schwung arbeitete,
desto mehr schätzte ich die Prinzipien,
die für einen guten Schwung verantwortlich sind.
Ich habe vermutlich mehr Zeit
für die Feinabstimmung meines Griffes
und die optimale Ansprechposition aufgebracht
als für alles andere.*

Was zuallererst darüber entscheidet, ob Sie in der Lage sind, einen wiederholbaren und korrekten Schwung aufzubauen, ist die Qualität Ihres Griffes und Ihrer Ansprechposition. Kurz – das Fundament des Golfsports. Langfristig können Sie nur dann Erfolgserlebnisse auf dem Golfplatz erwarten, wenn Sie diesen Grundprinzipien des Sports den nötigen Respekt zollen.
In Anbetracht dieser Tatsache mag es durchaus verlockend sein, das nachfolgende Kapitel lediglich zu überfliegen und nach vermeintlich interessanteren Übungen in diesem Buch zu suchen. Doch ich garantiere Ihnen, das ist der vorprogrammierte 3er-Putt. Wenn Sie nicht bereit sind, die Übungen auf den folgenden Seiten zu beherzigen und an Griff, Ausrichtung und Standposition zu arbeiten, dann gibt es wirklich nichts, was Ihnen dieses Buch überhaupt sagen kann. Diese Disziplinen sind die Schlüssel meines Schwunges, und sie sind für den Ihren mindestens ebenso wichtig.
Ich habe einmal ausgerechnet, daß 75 Prozent der Zeit, die ich für das Training aufwende, sich entweder darum drehen, mein kurzes Spiel – Chippen, Putten und Schläge aus dem Bunker – zu verbessern oder die klassischen Grundlagen, wie Griffhaltung, Standposition und Ausrichtung, aufzupolieren. Das eine wie das andere halten meinen Schwung in Form. Wobei man sagen muß, daß dies für einen Profi normal ist, da das korrekte Treffen des Balls und niedrige Scores voneinander untrennbar sind. Arbeiten Sie – möglichst mit einem griffbereiten Schläger – an diesen Grundlagen, sooft Sie können. Dabei sind ständige Wiederholungen das eigentliche Geheimnis. Lernen Sie von meiner Schlagroutine, kopieren Sie sie, und überprüfen Sie vor einem Spiegel jedes einzelne Detail Ihrer Ansprechposition.

Der Griff – ein guter Schwung ist von ihm abhängig

Ein korrekter Griff ist die sichere Verbindung zwischen Ihnen und dem Schläger. Dies ist oberflächlich gesehen seine wichtigste Funktion. Tatsächlich jedoch ist der Griff ein sensibles Steuerinstrument.

Anzustreben ist einerseits die Kontrolle des Griffes, die jedoch mit einem Gefühl der Freiheit einhergehen sollte. Die Verbindung muß locker genug sein, daß Ihre Handgelenke eine unbeeinträchtigte Schwungbewegung vollziehen können. Ihre Hände sollten so ineinandergreifen, daß sie einerseits einen Driver mit großer Schlägerkopfgeschwindigkeit führen und andererseits Minuten später gefühlvoll einen Wedge schlagen können. Ein wirklich guter Griff ist eben vielseitig.

Häufig werde ich gefragt, wie wichtig der Druck beim Griff ist und wie er sich beim Schwung auswirkt. Die Antwort ist einfach: Er bedeutet eigentlich alles. Mein bestes Golf spiele ich dann, wenn sich meine Arme und Schultern locker und flüssig anfühlen, ein Gefühl, das direkt auf den Druck in meinen Händen zurückzuführen ist. Alles reduziert sich dann auf ein kontrolliertes Gleichgewicht. Der ideale Griffdruck sollte Ihnen das Gefühl geben, Sie hätten eine enge Beziehung zum Schlägerkopf. Man muß ihn fühlen, ihn bewegen, ihn einpendeln und – letzten Endes – kontrollieren können.

Denken Sie stets daran, daß Spannung tödlich ist. Sobald Sie fester zugreifen, verspannen Sie zugleich Ihre Handgelenke, die Unterarme und Schultern mit der Folge, daß ein guter – und wiederholbarer – Schwung unmöglich ist.

Der Griff der linken Hand – unterstützen Sie das Abwinkeln der Handgelenke

Eine der Hauptgefahren besteht darin, daß Sie beim Anlegen der linken Hand an den Griff den Schläger häufig zu hoch in die Handfläche positionieren. Dies ist der Auslöser für viele Fehlerquellen, denn mit so einem Griff können Sie Ihr Handgelenk nicht frei abwinkeln.

Um diesem Problem aus dem Weg zu gehen, lasse ich meinen linken Arm einfach seitlich herabhängen und lege den Griff des Schlägers in die Finger, die, das werden Sie feststellen, dazu neigen, sich nach innen zu schließen. Eine Tatsache, die dafür sorgt, daß ich den Schläger tief in die Handfläche und mehr in die Finger lege – es entsteht ein natürliches Gleichgewicht. Dabei vergewissere ich mich, daß die Führungskante des Schlägers und der linke Handrücken parallel sowie der Schaft ungefähr diagonal vom ersten Gelenk des Zeigefingers bis zu einem Punkt knapp unterhalb der Wurzel meines kleinen Fingers verlaufen. Ganz gleich, ob Sie diese exakte Vorgehensweise nun annehmen oder nicht, sollten Sie zumindest darauf achten, daß der Schläger stets ähnlich in Ihrer Hand liegt, bevor Sie sie schließen. Während sich Ihre Finger um den Schaft legen, sollte sich Ihr Daumen auf der Oberseite leicht rechts von der Schaftmitte befinden.

Den Griff meiner linken Hand sichere ich mit dem Mittel-, Ring- und dem kleinen Finger, wobei ich den Schläger fest in den fleischigen Handballen unterhalb des Daumens drücke. Insbesondere meinen kleinen Finger wickle ich um den Schaft, was wiederum alle drei Finger miteinander verbindet.

Ein spezielles Kennzeichen für meinen Griff ist, daß ich mit meinem Daumen „kurz" greife, und ich würde Ihnen empfehlen, dasselbe zu tun. Ein sogenannter kurzer Daumen hat – im Gegensatz zu einem Daumen, der lang auf dem Schlägerschaft ausgestreckt ist – den Vorteil, mehr Druck beim Schwung auszuüben. Außerdem vereinfacht der „kurze" Daumen, die rechte Hand korrekt anzulegen.

Nun sollten Sie in der Lage sein, Ihr Handgelenk frei abzuwinkeln und den Schlägerkopf einzupendeln, ohne das Gefühl in den Fingern Ihrer linken Hand zu verlieren. Denken Sie stets daran, daß das optimale Gefühl und die Schlägerkopfkontrolle durch einen festen, nie aber durch einen verkrampften Druck hergestellt werden.

Eine korrekte Haltung der Hände wird erleichtert, wenn Sie den Schläger vor sich nach oben winkeln. Bei der Draufsicht sind mindestens zwei Knöchel Ihres Handrückens zu sehen. Das von Daumen und Zeigefinger gebildete „V", zeigt auf einen Punkt zwischen Kinn und rechtem Ohr. Dies sind die Kennzeichen eines Griffes, den man im allgemeinen als neutral bezeichnet. Theoretisch ist dies die ideale Haltung, praktisch jedoch besteht durchaus ein individueller Spielraum. So bevorzugen manche Profigolfer eine etwas kräftigere Variante, wie auch Sie vielleicht feststellen werden, daß eine um Haaresbreite nach rechts von der Neutralstellung verlagerte Position besser zu Ihrem Spiel paßt.

Zweifellos ist ein stärkerer Griff einem schwächeren durchaus vorzuziehen. Wenn Sie Ihre Hand auf dem Schläger im Uhrzeigersinn drehen, so daß zwei-

PRAKTISCHE GRUNDLAGEN • 33

einhalb bis drei Knöchel zu sehen sind, unterstützen Sie auch die Drehung Ihres Unterarmes zu Beginn des Rückschwungs. Damit sorgen Sie nicht zuletzt für ein korrektes Abwinkeln des Handgelenks. Nun liegt es an Ihnen, es auszuprobieren. Vergewissern Sie sich jedoch, daß Sie die von Ihnen einmal akzeptierten Parameter nicht ständig verändern. Und vor allem: Passen Sie auf, daß Ihr Handgelenk durch einen einfühlsamen Griff stets locker bleibt.

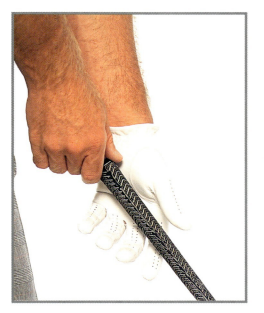

Legen Sie, während Sie eine normale Haltung einnehmen, den Schläger in die Finger Ihrer linken Hand. Beim Schließen der Hand sollte der linke Daumen bequem rechts von der Mitte der Griffoberfläche liegen.

Das Anlegen der rechten Hand –
Hand- und Schlägerfläche spiegeln einander

Beim Anlegen der rechten Hand achte ich am meisten darauf, daß die Handfläche perfekt square (rechtwinklig) zur Schlägerfläche liegt. Die Position sollte so sein, wie ich sie auch im Treffmoment erwarte. Meine offene Hand bedeckt die linke, wobei die beiden wie zwei Puzzlesteine zusammenpassen. Der Schläger liegt in dem Kanal, der durch den Ring- und den Mittelfinger entsteht, wenn sie sich um den Griff schließen. Dies sind auch die wesentlichen Druckpunkte Ihrer rechten Hand, während der linke Daumen bequem in der Nische zwischen den beiden fleischigen Teilen der rechten Handfläche liegt. Um dieses geborgene Gefühl noch etwas zu erhöhen, drücke ich die Lebenslinie in der Handfläche meiner rechten Hand auf den linken Daumen. So versiegle ich vollends meinen Griff.

Wie auch immer Sie Ihre Hände vereinigen, ist dies auch eine Geschmacksfrage: Ich selbst bevorzuge den „overlapping" oder Vardon-Griff, bei dem sich der kleine Finger der rechten Hand um den Zeigefinger der linken herumlegt und bequem zwischen die Knöchel des linken Zeige- und Mittelfingers schmiegt. Dieser Griff

Wie die Steine eines Puzzlespiels passen Ihre Hände zusammen. Wenn Sie Ihren Griff schließen, knicken Sie Ihren rechten Zeigefinger um den Schaft, als würden Sie einen Abzug betätigen. So bekommen Sie das Gefühl für einen guten Griff.

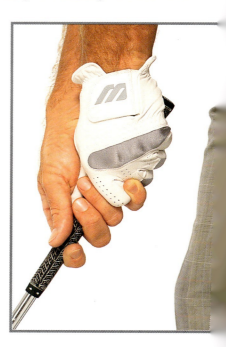

PRAKTISCHE GRUNDLAGEN • 35

wird auch von der Mehrheit aller Spitzenspieler benutzt. Man hat einfach ein gutes Gefühl, und man wird angehalten, die Hände wirklich als Einheit einzusetzen.

Eine Alternative ist als „Interlocking"-Griff bekannt, bei dem der rechte kleine Finger mit dem Zeigefinger der linken Hand verschränkt ist. Diese Variante wird von Spielern mit kleinen Händen bevorzugt. Jack Nicklaus zum Beispiel hat sein Leben lang so gespielt. Lassen Sie sich also nicht vormachen, es würde nicht funktionieren. Ich bevorzuge den Vardon-Griff einfach aus dem Grund, weil er mir hilft, meine Hände während des gesamten Schwungs passiv zu lassen. Sie selbst müssen jedoch entscheiden, welcher der für Sie bequemste Griff ist.

Wenn Sie einmal Ihre Hände vereinigt haben, dann können Sie Ihren Griff nur noch dahingehend komplettieren, daß Sie den rechten Zeigefinger so unter dem Schaft abwinkeln, daß er ganz leicht den Ballen Ihres rechten Daumens berührt. Sie werden sehen, wieviel Gefühl Sie in Ihrer rechten Hand bekommen. Pendeln Sie nun den Schlägerkopf vor und zurück, und Sie merken, wieviel Kraft und Kontrolle Sie haben. Vergessen Sie nicht, daß Ihre rechte Hand die Schlagfläche widerspiegelt. Und versuchen Sie, einen leichten Druck zwischen Ihrem rechten Zeigefinger und Daumen herzustellen. Letztlich ist dies für eine gute Handaktion erforderlich.

Zu guter Letzt, strecken Sie Ihren Schläger im 45-Grad-Winkel von sich weg und gehen folgende Checkliste durch:

Die Flächen Ihrer Hände sollten sich gegenüberliegen, wobei die rechte Handfläche eine Stellung square zum Schlägerblatt einnimmt. Die Muskeln Ihrer Unterarme und Handgelenke bleiben locker und einsatzbereit.

Vardon- oder Overlapping-Griff

Interlocking-Griff

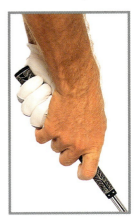

36 • EIN SCHWUNG FÜRS LEBEN

* Der linke Handrücken und die rechte Handfläche liegen square zur Schlagfläche.
* Ihre Handflächen liegen parallel zueinander.
* Die von Daumen und Zeigefinger einer jeden Hand gebildeten „V's" zeigen auf einen Punkt zwischen Wange und rechtem Ohr. Die beiden Linien verlaufen ungefähr parallel.
* Beide Hände sollten einen gleichmäßigen Druck ausüben.
* Sie sichern Ihren Griff, indem Sie den Druck vornehmlich in den letzten drei Fingern der linken Hand verspüren sowie in den mittleren Fingern der rechten Hand und dem Zeigefinger, der wie an einem Abzug liegt.
* Sie beherrschen den Schlägerkopf, wenn er Ihnen nicht leicht aus der Hand gezogen werden kann. Gleichzeitig sind die Muskeln Ihrer Handgelenke und Ihrer Unterarme entspannt.

Üben Sie Ihren Griff so viel wie möglich. Sogar fünf Minuten am Tag lohnen sich. Legen Sie sich einen Schläger ins Büro, üben Sie, während Sie fernsehen. Wie ich schon sagte, Wiederholung ist der Schlüssel zum Erfolg. Wenn Sie zuvor unter einem schlechten Griff gelitten haben, dann werden Sie sich jetzt bei einer Änderung – egal, ob groß oder klein – zu Beginn schrecklich fühlen. Das ist nicht zu vermeiden. Doch wenn Sie den Bewegungsablauf, wie Sie Ihre Hände vereinen, oft genug durchgegangen sind, dann wird dieser gute Griff ein natürlicher Teil Ihrer Schlagroutine. Und auf dem Platz haben Sie eine Sorge weniger.

PRAKTISCHE GRUNDLAGEN • 37

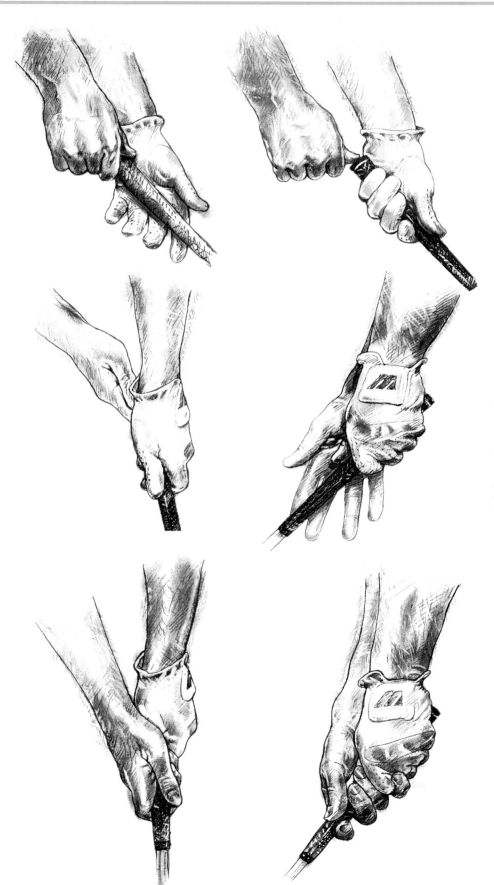

Ein guter Griff ist wirklich eine Kunst. Mit Geduld und Übung wird er für Sie selbstverständlich.

Der Set-up – wichtig für Zielgenauigkeit und Kontrolle

Bei meiner Schlagvorbereitung bin ich pingelig. Auch Sie sollten es sein, denn das Gros aller Schwungfehler kann man auf eine achtlose Ansprechposition zurückführen. Warum also sollte man derartige Fehlerquellen nicht ausmerzen? Dabei ist wirklich nur logischer Menschenverstand gefragt. Bevor Sie nun darangehen, einen kraftvollen und wiederholbaren Schwung aufzubauen, sollten Sie dafür sorgen, daß das Fundament stimmt.

Bei meinen vielen Reisen in alle Welt treffe ich immer wieder Menschen, die eine im Prinzip einfache Sache unnötig komplizieren. So sehe ich Golfer, die sich selbst in einem Geflecht von Gedanken verheddern, bevor sie auch nur den Schläger hinter dem Ball plaziert haben. Bevor wir uns nun daran machen, eine gute Ansprechposition zu erarbeiten, lassen Sie mich auf ein oder zwei potentielle Probleme eingehen. Ich sollte hinzufügen, daß alles, was Sie von nun an lesen, von Ihnen individuell interpretiert werden kann. Es geht im Prinzip um verläßliche Parameter. Da wir aber alle verschieden gebaut, unterschiedlich groß und beweglich sind, müssen meine Ratschläge möglicherweise leicht angepaßt werden. Drei oder vier Zentimeter mehr oder weniger, und es wird passen. Haben Sie keine Angst davor, verschiedene Stellungen auszuprobieren.

Das Prinzip der parallelen Ausrichtung

Zunächst die Ausrichtung zum Ziel; dies ist die Grundlage, die man am einfachsten korrigieren kann, die aber am sträflichsten vernachlässigt wird. Tatsache ist, daß auch ein guter Schwung irgendwohin geht, wenn man sich nicht richtig zum Ziel ausgerichtet hat. Eine goldene Regel besagt, daß alles, woran Sie denken müssen, wenn Sie den Ball ansprechen, über die Ausrichtung des Körpers um die Stellung der Schlagfläche herum zum Ziel führt. Ihr Körper erhält seine Befehle ausschließlich von der Schlagfläche.

Und so funktioniert es: Wenn Sie von einem geraden Schlag ausgehen, müssen Sie schlicht die Führungskante des Schlägers parallel zur Linie Ball-Ziel ausrichten, danach passen Sie auch Ihre Füsse, Knie, Hüften und Schultern dieser Linie an. In der korrekten Haltung befindet sich Ihr Körper in der Position, die man als parallel links der Ziellinie bezeichnet.

Die beste Möglichkeit, sich das Prinzip der Ausrichtung bildlich vorzustellen, sind zwei Eisenbahnschienen, die auf die Fahne zulaufen. Dabei entspricht die äußere Schiene der Linie Ball-Ziel, während die innere Linie anzeigt, wie Ihr Körper ausgerichtet sein sollte. Beim Training lege ich mir als Hilfsmittel zwei Schläger auf den Boden, damit ich die Position meines Körpers leichter kontrollieren kann. Ein Hilfsmittel, das auch Sie nutzen sollten. Verlegen Sie Ihre eigenen Schienen, während Sie Ihre Ansprechposition trainieren. Denken Sie stets daran, was Sie erreichen wollen. Auf keinen Fall sollten Sie einen Ball nach dem anderen schlagen, das macht die Übung zunichte. Statt dessen üben Sie jeden Schlag als sei es Ihr erster. Zielen Sie, zunächst mit der Schlagfläche, dann mit Ihrem Körper. Diese Übung können Sie sogar zu Hause wiederholen. Tun Sie einfach alles, damit sich das Gefühl für die perfekte parallele Ausrichtung bei Ihnen einprägt.

Bald werden Sie herausfinden, daß Sie Ihre Haltung square zum Ziel ganz leicht beibehalten können, wenn Sie lernen, Ihren Kopf wie auf einem Scharnier zum Ziel zu drehen. Jedenfalls sollten Sie Ihren Kopf nicht anheben, was Sie völlig aus der Position herausbringen würde. Drehen Sie statt dessen Ihren Kopf auf der natürlichen Achse Ihrer Wirbelsäule, so daß Sie die Fahne unter der Linie zum Ziel anpeilen.

PRAKTISCHE GRUNDLAGEN • **39**

Mit einer guten Ansprechposition sollten Sie Ihren Körper in eine Stellung bringen, die Ihnen ermöglicht, Ihren Körper richtig zu drehen. Sie ist Voraussetzung für einen uneingeschränkten Durchschwung in Richtung Linie zum Ziel. Vergessen Sie nicht, sich auf den Treffmoment, den Augenblick der Wahrheit, einzustimmen.

Der Stand und die Ballposition

Welche Standweite ist ideal? Diese wichtige Frage wird mir häufig gestellt. Um genau zu sein, ist es die ausgewogene Mischung zwischen Stabilität und Mobilität. Wenn Ihre Beine zu weit auseinanderstehen, verhindern Sie eine korrekte Körperdrehung. Ist Ihr Stand andererseits zu nah, laufen Sie Gefahr, während des Schwungs Ihr Gleichgewicht zu verlieren.

Optimal ist ein Stand, der Ihnen einerseits eine unbehinderte Drehung ermöglicht und der andererseits erlaubt, Ihr Gewicht im Rück- und im Durchschwung zu verlagern. Natürlich hängt dies auch mit dem von Ihnen verwendeten Schläger zusammen. Mit einem Driver zum Beispiel, dem längsten aller Schläger, nutze ich die volle Breite zwischen meinen Schultern. Den Ball spiele ich von einer verlängerten Linie, die imaginär zwischen meinem großen Zeh und der Ferse meines linken Fußes verläuft. Es bleibt ein Spielraum von ungefähr fünf Zentimeter. Dabei drehe ich meinen rechten Fuß etwa zehn, meinen linken zwanzig Grad nach außen. Mehr braucht man nicht für eine gute und kraftvolle Körperdrehung. Jedenfalls verleiht mir diese Art von Stand die notwendige Sicherheit.

Freilich muß man dazu sagen, daß der Driver eine Ausnahme bildet. Das Gros meiner Schläge absolviere ich mit einem Stand, bei dem die Innenseiten meiner Fersen die Breite meiner Schultern nicht überschreiten. Das halte ich für einen guten Anhaltspunkt. Je kürzer die Eisen (von Eisen 6 bis Wedge), desto mehr drehe ich meinen rechten Fuß nach innen. Die Ballposition bleibt unverändert – ich spiele ihn von einem Punkt rund fünf Zentimeter innerhalb meiner linken Ferse. Das entspricht dem tiefsten Punkt des Schwungbogens und hilft mir, den Ball scharf zu treffen und nicht zu viel Divot herauszuschlagen.

Ich möchte noch einmal betonen, daß es sich hier nur um Faustregeln und keine strikten Normen handelt. Wenn Sie einmal eine gute Ansprechposition eingenommen haben, sollten Sie so lange mit Ihrer Standweite experimentieren, bis Sie den niedrigsten Punkt Ihres Schwungs herausgefunden haben. Dies läßt sich zum Beispiel auf dem Abschlag einer Driving Range austesten. Nutzen Sie diese Information, um die für Sie ideale Ballposition herauszufinden. Sie werden sehen, Ihr Lohn wird ein Flugverhalten sein, das Sie mit jedem Schläger wiederholen können.

PRAKTISCHE GRUNDLAGEN • 41

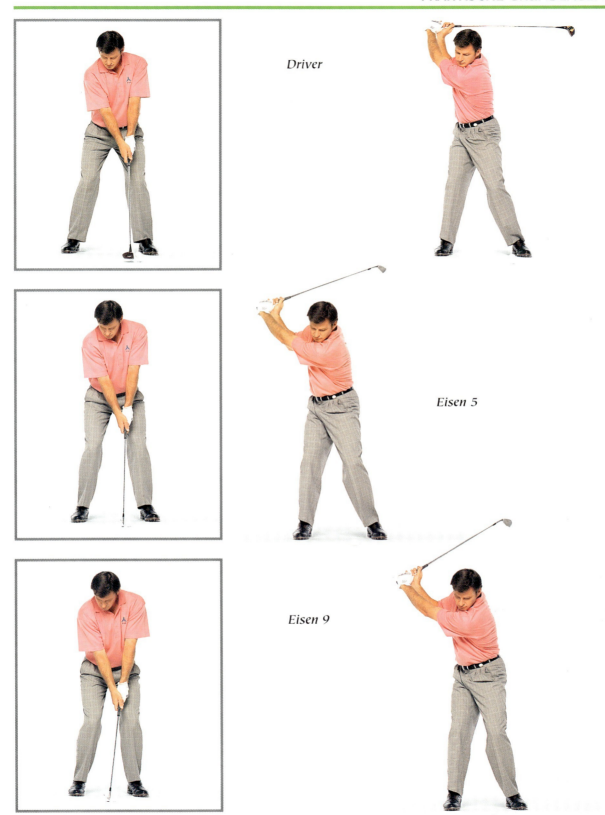

Driver

Eisen 5

Eisen 9

Mit Routine zur perfekten Körperhaltung

Als ich 1985 zu David Leadbetter stieß, bedeutete es für mich einen echten Schock, daß ich meine Körperhaltung neu aufbauen sollte. Doch schon bald wußte ich, warum. Der Winkel, den der Körper bei der Ansprechposition einnimmt, entscheidet über die Qualität des sogenannten Pivot (Körperdrehung) und letztlich über die Fähigkeit, sich um eine gleichbleibende Achse zu drehen. Dies ist das wahre Geheimnis eines gleichbleibenden Schwungs.

Gerade, weil ich mit meinen 1,91 Meter ziemlich groß bin, muß ich auf meine Haltung besonders achten. Der Trick ist einfach der, daß man sich darauf konzentrieren muß, stets dieselbe Ansprechposition einzunehmen, um dann ein und denselben Schwung durchzuführen. Die nachfolgende Übung habe ich wochenlang unter Leadbetters Aufsicht wiederholt, und auch jetzt noch setze ich sie ein, wenn ich das Gefühl habe, an meinen Grundlagen arbeiten zu müssen. Nehmen Sie ein mittleres Eisen, greifen Sie den Schläger korrekt, und halten Sie sich nun an eine Routine von vier Schritten, um ein Gefühl für eine gute Körperhaltung zu bekommen.

PRAKTISCHE GRUNDLAGEN • 43

1. Stellen Sie sich aufrecht hin, wobei die Innenseiten Ihrer Füße schulterbreit auseinanderstehen sollten, und halten Sie einen Schläger mit gestreckten Armen bequem vor Ihrem Körper.
2. Beugen Sie die Knie so, daß Sie Spannung in Ihren Oberschenkeln spüren, strecken Sie Ihr Gesäß ein wenig nach hinten, und versuchen Sie zu spüren, wie sich Ihr Gewicht auf die Ballen Ihrer Füße verteilt.
3. Beugen Sie sich aus den Hüften nach vorne, bis die Sohle des Schlägers den Boden berührt. Die Oberarme liegen nun leicht an Ihrem Brustkorb.
4. Heben Sie Ihre linke Körperseite leicht an, während Sie zugleich Ihre rechte Seite entspannen.

Ich wette, diese Stellung fühlt sich für Sie völlig fremd an, und Sie können sich sicher kaum vorstellen, auf diese Weise einen guten Schwung zustande zu bringen. Mir erging es ähnlich, aber mit der Übung stellt sich auch ein besseres Gefühl ein. Auch hier gilt, daß Wiederholung zum Erfolg führt, und je schneller Sie sich mit dieser Haltung anfreunden, desto eher werden Sie sie als ganz normal empfinden.

Schlagvorbereitung – alltägliche Routine

Eine penible Schlagroutine ist zweifellos der beste Verteidigungsmechanismus gegen stressige Situationen. Egal, wie haarig die Lage auch sein mag, es gibt Ihnen die Möglichkeit, sich auf etwas Positives zu konzentrieren. Der Lohn für all Ihre Mühe sollte so aussehen, daß Sie nur noch den Autopiloten einzuschalten brauchen, um gutes Golf von selbst ablaufen zu lassen.

Und so bereite ich mich auf das Spielen eines typischen Schlages vor: Die Routine beginnt eigentlich schon lange, bevor ich mich an den Ball stelle. Noch während ich zum Abschlag bzw. auf dem Fairway gehe, lasse ich die wechselnden äußeren Bedingungen auf mich einwirken. Alle meine Sinne richten sich auf die Elemente des speziellen Lochs, auf schwierige Stellen und den allgemeinen Verlauf. Wenn ich schließlich am Ball stehe, habe ich eine ziemlich genaue Vorstellung von dem Schlag, den ich zu spielen beabsichtige. Trotzdem trete ich ein bis zwei Meter zurück, um mir die ideale Fluglinie vorstellen zu können. Um es deutlich zu sagen: Es ist eine genaue Vorstellung, kein einfaches Raten.

„Sprechen sie den Schlag an, nicht den Ball", – ich kann mich gar nicht erinnern, wann ich diesen Satz zum ersten Mal hörte, aber er stimmt auf den Punkt. Manche diskutieren darüber, ob man zuerst greifen und dann zielen sollte oder umgekehrt. Ehrlich gesagt, spielt es keine Rolle. Alles, worauf Sie sich konzentrieren sollten, ist, daß Sie das Schlägerblatt square zum Ziel stellen und Sie Ihre Füße, Knie, Hüften und Schultern parallel links der Linie Ball-Ziel ausrichten.

Erst wenn ich mit meiner Ausrichtung zufrieden bin, gehe ich daran, die richtige Stellung einzunehmen. Ich stelle mich hin, prüfe noch mal die Ballposition im Vergleich zur Position meiner Fersen und beuge meine Knie, bis ich die bewußte Spannkraft in meinen Oberschenkeln verspüre. Am leichtesten kann man sich diese Stellung einprägen, wenn man sich vorstellt, eine Statik wie der Eiffelturm zu haben, und zwar nur, um sich daran zu erinnern, wie wichtig es ist, eine gute und stabile Basis durch den Unterkörper zu schaffen. Füße, Knie und Oberschenkel spielen die Rolle des unteren Turmbereichs. Die Muskeln werden auf diese Weise darauf eingestellt, die Drehung des Körpers zu unterstützen.

Man kann dieses Gefühl auch anders beschreiben. Es gleicht etwa der Haltung vor einem Kopfsprung in ein Schwimmbad. Das Gewicht ist leicht nach vorne geneigt und ruht trotzdem auf dem ganzen Fuß, während die Beine angespannt sind.

Um meine Stellung zu vervollständigen, beuge ich mich leicht aus der Hüfte nach vorne, strecke mein Gesäß nach hinten und lasse meine Arme frei nach unten hängen. Während der untere Bereich meines Rückens völlig gerade ist, ist er im oberen Teil leicht gerundet. Bei einem korrekten Griff liegt die rechte Hand ganz automatisch etwas tiefer am Schaft als die linke, so daß sich die Schultern bequem neigen. Während ich die linke Seite geringfügig anhebe, lasse ich die rechte völlig entspannt hängen. Nun haben Sie die richtige Haltung, ein wenig hinter dem Ball. Außerdem sorgt sie für eine ideale Gewichtsverlagerung zu Beginn des Rückschwungs.

Viele Golfer – ich selbst eingeschlossen – tendieren dazu, zu sehr über dem Ball zu kauern. Um mich dagegen zu wehren, sage ich mir selbst die Worte „groß und gerade" vor, während ich meine Position einnehme. Ich muß einfach das Gefühl haben, den Ball beim Ansprechen zu dominieren. Er muß gewissermaßen spüren, wer der Boß ist.

Schließlich hebe ich mein Kinn an, so daß meine Schultern ausreichend Bewegungsspielraum bei der Drehung haben. Dazu noch ein paar tiefe Atemzüge, um

46 • EIN SCHWUNG FÜRS LEBEN

auch meinen Brustkorb voll auszudehnen. So erreicht man eine stolze, standfeste Position. Nachdem Sie dieses Verfahren angewendet haben, werden Sie merken, wie bewegungsbereit und wachsam Ihr Körper sein wird.

Und so sieht der Test aus, mit dem Sie Ihre Haltung überprüfen können. Wenn Sie sich seitlich vor einen Spiegel stellen, würde eine imaginäre senkrechte Linie von der Mitte Ihrer rechten Schulter gerade nach unten zum rechten Knie und weiter durch den rechten Fußballen verlaufen. Diese Stellung sollten Sie mit jedem Schläger einnehmen; es ist das Zeichen für eine gute und athletische Körperbalance. Alle Muskeln Ihres Körpers sind nun auf den Schwung eingestellt. Häufig frage ich mich, wieviel millionenmal ich einen Schläger gegriffen und einen Ball angesprochen habe. Unzählige Male wahrscheinlich. Und trotzdem überprüfe ich nach wie vor meine Ansprechposition peinlich genau, egal, ob beim Training oder beim Spiel. Ein oder zwei Schlüsselworte genügen, damit ich auf dem richtigen Weg bleibe. So denke ich an die Knie oder „groß und gerade", um die angestrebte athletische Grundhaltung einnehmen zu können. Im ersten Kapitel habe ich besonders betont, welch wichtige Rolle die Knie bei meinen Schlüsselgedanken spielen. Und ich kann gar nicht häufig genug wiederholen, wie sehr sie die Körperwinkel beim Ansprechen beeinflussen. Meiner Meinung nach sollte man die Knie als eine Art Stoßdämpfer ansehen. Mit ihrer Hilfe sorgen Sie dafür, daß, gleich welchen Schläger Sie benutzen, der Winkel Ihrer Wirbelsäule konstant bleibt. Auf dem Golfplatz muß Ihre Ansprechposition so variabel sein, daß Sie mit allen möglichen Hanglagen fertig werden. Erneut sind

die Knie der Schlüssel zum Erfolg. Sie müssen sie je nach Lage beugen und strecken, und Sie müssen lernen, mit Ihrem Unterkörper ein Gefühl der Aktivität herzustellen. Versuchen Sie, durch Ihre Füße die Lage zu spüren und dann die Informationen, die Ihnen Ihre Sinne vermittelt haben, in die Ansprechposition zu übertragen.

Schließlich das Einpendeln (oder wagglen). Es wurde im Laufe der Jahre bei mir zu einer Art Markenzeichen. Irgendjemand hat mir mal gesagt, daß mein Schwung letztlich nur ein großer Waggle mit einer guten Körperdrehung sei. Ich halte dies für eine gelungene Beschreibung.

Die Bedeutung eines guten Waggle habe ich erstmals während der Open 1987 in Muirfield zu schätzen gelernt. In jenen Tagen befand ich mich noch am Anfang des Lernprozesses, meine Handgelenke während des Rückschwungs richtig einzusetzen, und ich mußte mich bewußt darum bemühen, den Schläger vom Ball wegzuführen. Zwei Waggles, und ab ging's. Heute ist es schon Gewohnheit. Wenn man den Waggle richtig einsetzt, ist er eine Art Minischwung, eine Vorschau auf das, was kommen soll. Es ist die Gelegenheit, den Handgelenkseinsatz nochmal zu proben und Ihre Muskeln darauf einzustellen, wie sie in der Rückschwungbewegung agieren sollen.

Kein großer Spieler schwingt jedoch mit einer felsenfesten Standposition. Jeder verfügt über eine Art Ventil, sei es ein kleiner Tick oder eine Manie, das ihm hilft, seinen Schwung leicht und entspannt zu beginnen. So ist Jack Nicklaus dafür bekannt, daß er seinen Kopf leicht nach rechts dreht; Gary Player „zündet" seinen Schwung mit einer Bewegung des rechten Knies, während Tom Watson nach einem lebhaften Waggle seine Munition abfeuert.

Nun liegt es an Ihnen, Ihren Zündfunken herauszufinden. Ich persönlich bevorzuge einige Waggles mit dem Schlägerkopf, um meinen Körper zu entspannen. Sie sind der Bestandteil meines Set-up, der die Bewegung auslöst.

3

Ein Schwung fürs Leben

*Ich reduziere den Rückschwung auf eine dreiteilige Sequenz.
Dabei bin ich fest davon überzeugt,
daß jeder, der in der Lage ist,
sich diese Bewegungsabfolge natürlich einzuprägen,
ein einstelliger Golfer werden kann.*

Als ich mich im Jahr 1985 entschied, meinen Schwung umzustellen, war es für mich fast normal, täglich acht Stunden lang zu trainieren. Heute, mit dem Alter und der Erfahrung, habe ich ein besseres Verständnis für die mechanischen Bewegungsabläufe, so daß ich mich mit Hilfe spezieller Übungen auf einige Schlüsselbewegungen konzentrieren kann. Auch das ist die Folge einer guten Ausbildung.

Die Fähigkeit, solche Übungen auf Kommando abzurufen, ist das Markenzeichen von David Leadbetter. Mit Hilfe seines Wissens, wie man am leichtesten lernt, benutzt er diese Übungen dazu, die Theorie zu vereinfachen und uns das schwer zu vermittelnde Element des Gefühls mitzuteilen. Glauben Sie mir, es funktioniert wirklich. So spiele ich zum Beispiel während einer typischen Aufwärmphase 30 Bälle auf die eine Übungsart und wieder 30 auf die andere. Mehr muß ich nicht tun. Die Zeit, die ich beim Trainieren des langen Spiels spare, kann ich statt dessen fürs kurze Spiel beziehungsweise auf dem Puttinggrün aufbringen. Denn Tatsache ist – egal, wie gut Sie die Bälle auch driven, die Qualität als Golfer erweist sich im kurzen Spiel.

Das nachfolgende Kapitel repräsentiert alle Erkenntnisse, die ich im Laufe der Jahre mühsamer „Feldarbeit" sammeln konnte. Dabei erspare ich Ihnen komplizierte und unnötige Details. Was Sie hier lesen werden, ist, wie Sie einen soliden Golfschwung aufbauen können. Jedes einzelne Stadium möchte ich mit Übungen unterstützen, die auch ich bei meinem täglichen Training anwende. Wenn es Ihnen so geht wie mir, werden Sie feststellen, daß die Fortschritte in Qualität und Konstanz beim Treffen des Balles fast zu einer Sucht werden können.

Doch bevor wir an die Arbeit gehen, lassen Sie mich noch auf eines aufmerksam machen. Fotografien verschleiern häufig die Tatsache, daß es um einen flüssigen und geschmeidigen Golfschwung geht. Vergessen Sie nie, daß die Positionen, die Sie nachfolgend sehen werden, Momentaufnahmen einer eigentlich fließenden Bewegung sind. Verarbeiten Sie diese Information, und versuchen Sie mit den Übungen, diese Elemente mit Eleganz und Rhythmus zu einem Ganzen zusammenzufügen.

Der Set-up – Vorbereitung zum Schlag

Häufig wird die Ansprechposition als statische Stellung mißverstanden, doch ist dies ganz und gar nicht meine Meinung. Ein guter Set-up ist durchaus dynamisch und kündigt eine koordinierte und athletische Bewegung an. Nun ist es an der Zeit, daß Ihr Gehirn Ihrem Körper Befehle erteilt, ihm gewissermaßen eine Wegbeschreibung gibt, wie die Muskeln einen guten Schwung durchführen sollen. Wenn Sie sich den Schlag vorgestellt haben, sollten Sie in der Lage sein, die Flugbahn Ihres Balles vor Ihrem geistigen Auge ablaufen zu lassen.

Die Kontrollen, die ich vor jedem Schlag durchführe, beziehen sich hauptsächlich auf die fundamentalen Techniken, und sie sind unerläßlich. Sorgfältig richte ich die Führungskante der Schlagfläche entsprechend der Linie Ball-Ziel aus, konzentriere mich anschließend auf diesen Bezugspunkt und bringe meinen Körper in Position. Auch hier gilt es, gewisse Grundsätze zu beachten, die eine korrekte Ausrichtung und den richtigen Stand garantieren. Vergessen Sie nicht: Ihre Füße, Knie, Hüften und Schultern sollten parallel zur Linie zum Ziel verlaufen. Eine schiefe Ausrichtung verursacht stets einen schiefen Schwung, doch wenn Sie immer an die Eisenbahnschienen denken, können Sie nicht sehr falsch liegen.

Ich entschuldige mich nicht dafür, daß ich immer wieder auf korrekte Ausrichtung und Set-up hinweise. Die Winkel, speziell der Ihrer Wirbelsäule, die Sie bei Ihrer Ansprechposition bilden, entscheiden über Ihre Schwungachse und Ihre Fähigkeit, sich frei zu drehen. Deshalb müssen sie einfach stimmen. Eine imaginäre gerade Linie von der Mitte der rechten Schulter zum rechten Fußballen sollte das rechte Knie berühren. Sie ist ein untrügliches Zeichen für ein gutes Gleichgewicht und die richtige Haltung.

EIN SCHWUNG FÜR'S LEBEN • 51

Was die Gewichtsverteilung betrifft, glaube ich, daß beide Füße gleichmäßig belastet werden sollten. Ich möchte Sie hier nicht mit einem sinnlosen Verteilungsschlüssel verwirren. Wenn überhaupt, sollte etwas mehr Gewicht auf der rechten Seite ruhen, was der natürlichen Schulterneigung entspräche. Aber übertreiben Sie nicht. Am wichtigsten ist, das Gewicht auf die Ballen beider Füße zu verteilen, so daß die Verlagerung während des Schwungablaufs zurück und wieder nach vorn gewährleistet ist.

Ich sagte es bereits, und ich wiederhole es nochmal: Am leichtesten läßt sich eine gute Haltung dann einnehmen, wenn Sie an die Knie denken. Ich halte mich selbst immer wieder dazu an, mich zunächst „groß und aufrecht" hinzustellen und dann meine Knie zu beugen, bis ich meinen Unterkörper als stabile Stütze empfinde. Die Muskeln in Ihren Beinen müssen sich dabei angespannt und vor allem einsatzbereit anfühlen, um die kraftvolle Drehung Ihres Oberkörpers und der Arme auszuhalten.

Wenn alle Systeme auf Start gestellt sind, pendle ich mit meinem Schlägerkopf, um eventuelle Verspannungen in den Händen, Armen oder Schultern loszuwerden. Was immer der Bewegungsauslöser für Ihren Schwung ist – alle Elemente sollten so aufeinander abgestimmt sein, daß der Rückschwung wie aus einem Guß erfolgt!

ÜBUNG

Klemmen Sie einen Ball zwischen Ihre Beine, und fühlen Sie Ihre Knie

Ich mache keinen Hehl daraus, daß ich mich beim Set-up mehr auf meine Knie als auf alles andere konzentriere. Mein Hauptaugenmerk gilt der Aufgabe, eine sichere Basis für einen guten Schwung herzustellen. Dabei sind die Knie der Schlüssel zum Erfolg. Von Zeit zu Zeit wende ich diese Strandball-Übung an, um mir bewußt zu werden, daß die Knie von Beginn des Ansprechens bis zum höchsten Punkt des Rückschwungs eine Stütze bilden müssen. Es ist ganz einfach: Klemmen Sie einen Ball zwischen Ihre Knie, und halten Sie ihn dort, während Sie Ihren Oberkörper drehen.

Erinnern Sie sich immer wieder an diese Übung, wenn Sie an Ihrem Schwung arbeiten. Sie hilft Ihnen, ein Gefühl für einen gleichbleibenden Abstand zwischen Ihren Knien zu bekommen und fördert eine kräftige Beinarbeit sowie eine kraftvolle Drehung im Rückschwung.

Diese Stellung ist der Schlüssel zu meinem Spiel. So lange ich diesen Kontrollpunkt auf halber Höhe erreiche, sorgt die Schulterdrehung für einen korrekten Rückschwung. So einfach sieht auch Ihr anzustrebendes Ziel aus!

Der Rückschwung – lösen Sie eine Kettenreaktion aus

Ein guter Schwung zeichnet sich vom Beginn bis zum Finish durch eine flüssige Bewegung aus. Genau genommen ist es eine Kettenreaktion, bei der ein guter Bewegungsabschnitt in den nächsten übergeht. Das Geheimnis, solch einen Schwung zu wiederholen, liegt im richtigen Timing der Hand- und Armbewegung in Abstimmung mit der Drehung Ihres Körpers gleich zu Beginn des Rückschwungs.

Um eine wirklich koordinierte Bewegung auszulösen, arbeite ich am Prinzip der frühen Handgelenksstellung. Mit anderen Worten sollen meine Hände in dem Moment voll abgewinkelt sein, wenn sie Taillenhöhe – und der Schläger die Horizontale – erreicht haben. Von diesem Moment an muß ich nur noch daran denken, die großen Muskeln zu aktivieren und eine stabile Rückschwungposition zu erreichen. So – und nicht anders – sieht die wahre Klasse dieser Methode aus.

Um den Lernprozeß zu beschleunigen, habe ich die Bewegungen vereinfacht und in drei Sequenzen unterteilt. Ich bin fest davon überzeugt, daß jemand, der bereit ist, zu lernen und sich die Abfolge der Bewegungen in Fleisch und Blut übergehen zu lassen, ein einstelliger Golfer werden kann. Arbeiten Sie mit einem mittleren Eisen jede dieser Phasen durch, und feilen Sie so lange an jeder Bewegung, bis Sie gut genug sind, um zur nächsten überzugehen. Und vergessen Sie nicht, daß es Ihr Ziel sein muß, diese drei Bewegungen nahtlos aneinanderzureihen, um einen flüssigen Ablauf zu gewährleisten.

1. Gleichzeitig wegdrehen

Ein guter Schwung steht und fällt mit der ersten Bewegung weg vom Ball. Um Aussehen und Tempo des Schwungs gleichmäßig ablaufen zu lassen, muß die Koordination stimmen. Trainieren Sie vor einem Spiegel, Schläger, Arme, Schultern und Bauchbereich in einer synchronisierten Bewegung vom Ball wegzudrehen. In dem Moment, in dem sich Ihre Hände vor dem rechten Oberschenkel befinden, sollte der Schlägerkopf auf einer imaginären Uhr auf die 8-Uhr-Stellung weisen. Wiederholen Sie diese Bewegung im Zeitlupentempo. Während Sie alles vom Ball wegbewegen, spüren Sie, wie sich Ihr Gewicht auf die rechte Seite verlagert. Lassen Sie es förmlich rüberfallen, und versuchen Sie genau zu spüren, wie sich im rechten Oberschenkel Spannung aufbaut. Außenstehenden mag es noch nicht einmal auffallen, daß sich Ihr Gewicht verlagert hat, aber Sie selbst sollten merken, wie der Druck auf Ihren rechten Fußballen stetig ansteigt. Ich gebe Ihnen noch einen Rat: Üben Sie beim Ansprechen mit Ihrem linken Oberarm einen leichten Druck auf Ihren Brustkörper aus, und behalten Sie diesen auch bei der ersten Bewegung und Drehung bei. Solange Ihre Hände und Handgelenke passiv sind, wird sich der Schlägerkopf nah am Boden in der angestrebten Linie wegbewegen.

Wenn Sie die Einleitung des Rückschwungs wie aus einem Guß erstmals geschafft haben, haben Sie vielleicht den Eindruck, Ihr Schläger würde sich in der Bewegung weg vom Ball öffnen. Keine Angst, das ist nur Illusion. Das Schlägerblatt dreht sich lediglich im Einklang mit der Drehung Ihres Körpers.

Kein Zeichen für irgendwelche Verspannungen, kein ruckartiges Zurückreißen des Schlägerkopfes: Bei einer guten Einleitung des Rückschwungs bewegen sich Arme, Schultern und Schläger in einer Einheit.

EIN SCHWUNG FÜR'S LEBEN • 55

In einer koordinierten und flüssigen Bewegung wird sich der Schläger zusammen mit Ihrem Körper drehen. Die Schlagfläche bleibt dabei square zur Schwungbahn.

ÜBUNG

Drehen Sie den Schläger, während Sie den Körper drehen

Die Übung, die Sie hier sehen, wird Ihnen helfen, bei der Einleitung des Rückschwungs ein Gefühl für Rotation und Zeitgleichheit zu bekommen.

Und so funktioniert's: Nehmen Sie einen normalen Stand ein, und greifen Sie den Schaft eines mittleren Eisens so tief, daß Sie das Ende des Schlägers leicht in Ihren Nabel drücken. Üben Sie nun den Beginn des Rückschwungs. Konzentrieren Sie sich darauf, Bauchbereich und Schläger parallel zu drehen, bis Sie die 8-Uhr-Stellung erreicht haben. Aber nicht weiter. Sollten Sie es nicht schaffen, die Bewegung der Arme und die Drehung des Körpers in Einklang zu bringen, wird sich der Schläger vom Nabel lösen. Wiederholen Sie diese Übung so lange, bis Sie es schaffen, die Schläger- und Körperbewegung miteinander zu koordinieren.

2. Winkeln Sie Ihre Handgelenke ab, um den Schläger in die richtige Ebene zu bringen

Nachdem Sie nun das erste Glied in der Kette geschmiedet haben, wollen wir unsere Aufmerksamkeit auf den Hand- und Gelenkeinsatz richten, damit Sie den Schläger in der korrekten Ebene schwingen können.

Üben Sie auch hier vor einem Spiegel. Während Sie sich beim Aufschwung durch die 8-Uhr-Position hindurchbewegen, drehen Sie Ihren linken Unterarm leicht vom Ball weg. Gleichzeitig gibt der rechte Ellenbogen nach und knickt ein. In diesem Moment sollten Sie Ihr rechtes Handgelenk so nach hinten abwinkeln, so als ob Sie jemandem die Hand schütteln wollten, der rechts von Ihnen steht. Tatsächlich ist dies ein hilfreicher Trick: Sie erzielen genau die richtige Haltung, wenn Sie – ausgehend von der Ansprechposition – sich drehen, als ob Sie „Guten Tag" sagen und Hände schütteln wollten. Ihr linker Arm wird dadurch gezwungen, mitzuziehen und sich korrekt zu drehen.

Den nächsten wichtigen Kontrollpunkt erreicht man, wenn zum einen der Schlägerschaft horizontal und zum anderen parallel zu einer imaginären Linie entlang zwischen den Fußzehen verläuft. Diese Phase könnte man als 9-Uhr-Stellung bezeichnen. Die Schlägerkopfspitze zeigt gen Himmel, was nur beweist, daß sie immer noch square zur Schwungbahn ist, während Schlagfläche und linker Handrücken gerade nach vorne weisen. Wenn Sie hier nun Ihren Schwung unterbrechen, werden Sie feststellen, daß die Schlägerfläche wie bei der Ansprechposition square zu Ihrem Körper liegt.

Während sich der linke Arm weiterdreht und der Rückschwung sich immer weiter fortsetzt, kommt es in dem Moment zur vollen Abwinklung Ihrer Handgelenke, wenn Ihre Hände den rechten Oberschenkel passieren und der linke Arm die Horizontale erreicht. (Um richtig gut zu schwingen, achte ich darauf, daß dieses „Ab-

EIN SCHWUNG FÜR'S LEBEN • 57

Wenn Ihr linker Arm die Horizontale erreicht hat, sollten Ihre Handgelenke vollkommen abgewinkelt sein und Ihr Schläger nach oben zeigen.

winkeln" des Gelenks lieber früher als später eintritt, also bevor mein linker Arm diese parallele Position erreicht.) Generell sagt man, daß der Schläger dann in der richtigen Ebene schwingt, wenn eine verlängerte Linie durch den Schaft ungefähr mittig zwischen Ihren Füßen und auf der Linie Ball-Ziel auf den Boden trifft.
In all den Jahren, in denen ich Golf spiele, ist dies so ziemlich eines der wichtigsten Dinge, worauf ich beim Training achte. Der Schläger ist auf dem richtigen Weg, und alles ist auf den Treffmoment eingestellt. Unter der Voraussetzung, daß mein Unterkörper weiterhin ein gutes Fundament bildet, wird das Aufziehen der Oberkörper- und Schultermuskulatur dafür sorgen, daß ich eine stabile Position im höchsten Punkt des Rückschwungs und einen gleichbleibenden Auftreffwinkel im Treffmoment erreiche.
Wenn Sie es schaffen, Ihren Schläger regelmäßig in die richtige Ebene zu bringen, haben Sie Ihr Ziel erreicht. Dann brauchen Sie nichts weiter zu tun, als Ihre Körperdrehung zu vollenden, um eine volle und kraftvolle Drehung im Rückschwung zu erzielen. Hauptsache, Sie arbeiten daran, daß Arm- und Körpereinsatz für Sie zu einer natürlichen Bewegung werden. Prägen Sie sich diese Bewegungen vor einem Spiegel ein. Wenn Ihre Hände voll abgewinkelt sind, sollten sie sich, wenn Sie nach rechts blicken, gegenüber der rechten Seite Ihres Oberkörpers befinden.

ÜBUNG

Lassen Sie den Schlägerkopf früh schwingen

Im Laufe der Zeit, in der sich mein Schwung entwickelte, konzentrierte ich mich immer stärker auf die Position, in der meine Handgelenke voll abgewinkelt sind und weniger auf die Kontrollpunkte zu Beginn des Rückschwungs. Auch Sie sollten sich nach und nach daran gewöhnen. Obwohl es sehr wichtig ist, zu wissen, wie man seinen Schwung Schritt für Schritt richtig beginnt, muß man der Tatsache, die Bewegungsabschnitte zu einer fließenden Einheit zusammenzufügen, noch viel größere Bedeutung beimessen.

Das Geheimnis liegt darin, den Schläger früh zu schwingen, eine Übung, die Ihnen helfen wird, gewissermaßen einen fliegenden Start hinzulegen. Schwingen Sie den Schläger wie ein Pendel durch den Treffmoment hindurch, bis fast in Taillenhöhe, lassen Sie ihn danach wieder fallen und so fort. So lange die Muskeln Ihrer Hände und Arme sich nicht verkrampfen, werden Ihre Handgelenke ganz selbstverständlich der Schwungkraft des Schlägerkopfs folgen und Sie die Halb-Stellung in einer fließenden Bewegung erreichen.

Manchmal spreche ich während dieser Übung die Worte „drehen... und... abwinkeln", was mir hilft, meinen Rhythmus zu finden. Während einer Trainingssequenz wiederhole ich diese Übung bis zu zwölf Mal hintereinander. Erst wenn ich mit der Art und Weise, wie ich mein Handgelenk abwinkle, einverstanden bin, schlage ich Bälle mit einem vollen Schwung.

Bis jetzt bin ich noch nicht auf die Beine eingegangen, aber eigentlich brauchen Sie darüber auch nicht nachzudenken, sobald Sie die Verlagerung auf die rechte Seite vollzogen haben. Hauptsache, Sie behalten die Beugung Ihres rechten Knies bei, so daß die Muskeln Ihres rechten Oberschenkels die Gewichtsverlagerung abfedern können. Geht man davon aus, daß Sie den Ball richtig angesprochen haben, werden Ihre Beine automatisch reagieren, wenn Sie Ihren Körper zum Ziel drehen. Das linke Knie wird nach innen in Richtung Ball gezogen, während Sie Ihre Körperdrehung fortsetzen, und das ist ganz normal. Passen Sie nur auf, daß es nicht nach vorne knickt, sondern hinter der Linie bleibt, die entlang Ihrer Zehenspitzen verläuft.

EIN SCHWUNG FÜR'S LEBEN • **59**

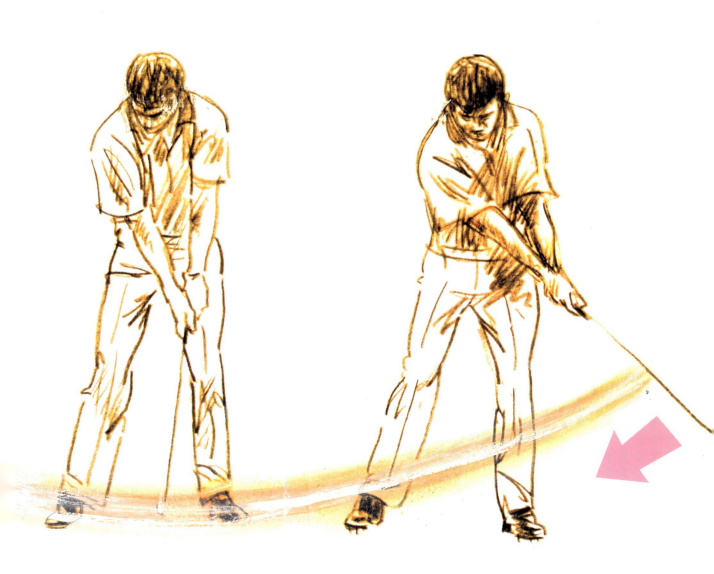

3. Strecken und Drehen zum höchsten Punkt

...und so sieht das Endprodukt aus. Von der Halb-Stellung bis zum höchsten Punkt des Rückschwungs habe ich meine Schultern lediglich um 90 Grad gedreht. Mein linker Arm ist bequem gestreckt (ich muß mich, um diese Stellung beizubehalten, in keiner Weise anstrengen), und mein rechtes Knie ist immer noch genauso gebeugt wie während der Ansprechposition. Dabei empfinde ich ein ganz bestimmtes Gefühl von „Stretching" in meinem Oberkörper. Ich fühle mich stark, aber gleichzeitig entspannt und völlig ausbalanciert. Mir könnte sogar jemand einen Stoß von hinten versetzen, ich würde nicht umfallen.

Wie eine bis zum Anschlag aufgezogene Feder, so sollte sich die letzte Rückschwungposition anfühlen. Die Energie will förmlich auf den Ball entladen werden. Wenn Sie den höchsten Punkt des Rückschwungs erreicht haben, werden Sie auch die Anspannung in Ihrem rechten Oberschenkel verspüren. Der überwiegende Teil Ihres Gewichtes sollte nun auf den Muskeln lasten, die auf der Innenseite Ihres rechten Beines verlaufen. Das zumindest ist das Gefühl, das ich empfinde. Machen Sie sich keine Gedanken, wenn Sie, um diese Stellung leichter einnehmen zu können, Ihren Kopf nach rechts mitziehen. Wenn Sie den Kopf allzu starr halten, schränken Sie nur die Drehung Ihres Rückgrats ein, und das kann zu unnötigen (und manchmal sehr schmerzhaften) Beschwerden im Lendenwirbel-

bereich führen. Ein gewisser Spielraum ist also angebracht. Die Rückansicht Ihres Schwungs ist sehr aufschlußreich. Wenn Sie in den Spiegel schauen, sollte klar sein, daß Ihre Schultern sich um die natürliche Achse Ihrer Wirbelsäule gedreht haben, während Ihre Hände und Arme einfach nur der Führung durch die Oberkörperdrehung folgen. Ihr rechter Ellenbogen sollte sich hinter dem Rücken befinden, wobei der Winkel des rechten Unterarms in etwa der gleiche ein sollte wie der Ihrer Wirbelsäule. Wieder ist der Schlägerschaft parallel zur Linie Ball-Ziel, und der linke Handrücken liegt der Schlägerfläche gegenüber. All dies sind positive Zeichen eines Rückschwungs in der perfekten Ebene.
Und noch etwas. Ich selbst bin gelenkig genug, um meinen Rücken dem Ziel zuzuwenden, ohne meine linke Ferse anzuheben. Es könnte aber durchaus sein, daß Ihre Ferse vom Boden abhebt. Dies ist kein Problem, so lange Sie den Fußeinsatz auf ein Minimum beschränken. Wichtig ist vor allem, daß Sie dieses Gefühl der Stärke und des Widerstandes in den Beinen beibehalten.

ÜBUNG

Stärken Sie Ihren Schwung

Mein bestes Golf spiele ich dann, wenn ich in der Lage bin, meinen Schwung auf eine so unkomplizierte Formel wie „zurück- und vorwärtsdrehen" reduzieren kann. In der Tat ist dies einer der effektivsten Schwunggedanken, den man überhaupt haben kann. Nicht umsonst ist dies eine meiner Lieblingsübungen. Sie erinnert immer wieder daran, wie sich eine gute Körperdrehung anfühlen sollte.

Stellen Sie sich vor einen Spiegel, nehmen Sie eine korrekte Haltung mit stark gebeugten Knien und angehobenem Kinn ein. Danach keilen Sie einen Schläger unter Ihre Arme und hinter Ihren Rücken. Nun können Sie an der Drehbewegung arbeiten. Ahmen Sie mich einfach nach.

Während Sie die Schultern nach rechts drehen, werden Sie in Ihrem rechten Knie einen ziemlich harten Widerstand verspüren, so daß Sie sich für die vollständige Rückschwungposition

richtig strecken müssen. Danach tun Sie einfach so, als wollten Sie abschwingen. Entspannen Sie Ihren Oberkörper, und drehen Sie Ihren Kopf gemeinsam mit Ihren Schultern ganz bewußt zum Ziel.
Beenden Sie diese Bewegung mit zusammengeführten Knien und einer senkrechten Wirbelsäule. Die Gürtelschnalle zeigt nach vorne. Diese Übung ist übrigens für das morgendliche Stretching bestens geeignet!

ÜBUNG

Bringen Sie Ihre Handgelenke in Stellung, und drehen Sie dann Ihren Körper

Diese Übung, bei der ich zunächst meine Handgelenke abwinkle und dann drehe, habe ich, als ich anfing mit David zu arbeiten, täglich durchgeführt. Sie vereinfacht wirklich alle Komponenten eines guten Rückschwungs. Zunächst legen Sie einen Schläger parallel und vor Ihre Zehenlinie. Nehmen Sie dann eine normale Griff- und Ansprechhaltung ein. Sinn und Zweck dieser Übung ist es, Ihre Handgelenke nach rechts abzuwinkeln, wobei die Hände in ihrer Ansprechposition verbleiben. Winkeln Sie Ihre Hände so ab, daß der Schlägerschaft parallel zum Boden steht. Dann, ohne weiteren Einsatz Ihrer Hände, drehen Sie Ihre linke Schulter unter Ihr Kinn und schwingen den Schläger bis zum höchsten Punkt Ihres Rückschwungs.
Überprüfen Sie nun Ihre Haltung im Spiegel. Der Winkel, den Ihre Wirbelsäule beim Ansprechen bildete, sollte unverändert sein, das heißt, sie sollte sich nicht nachträglich aufgerichtet oder geneigt haben. Der Schläger verläuft wieder parallel zur Ziellinie.

EIN SCHWUNG FÜR'S LEBEN • **65**

Der Abschwung – die Feder lösen

Alle Ereignisse während des Durchschwungs haben ihre Ursachen im Rückschwung. Je besser Sie Ihren Körper aufdrehen, desto erfolgreicher werden Sie ihn auch im Abschwung zurückdrehen. Dies ist einer der Hauptgründe, warum ich hart daran arbeite, meinen Schläger nach oben zu schwingen und meinen Körper richtig zu drehen. Der Durchschwung ist letztlich nur eine Reflexbewegung.

Sobald Sie den höchsten Punkt des Rückschwungs erreicht haben, geht er in den Abschwung über. Für den Bruchteil einer Sekunde bewegt sich der Körper in zwei Richtungen: Während die linke Seite Ihres Körpers sich bereits zum Ziel hindreht, vollenden die Arme noch ihre Rückschwungbewegung. Dieser Augenblick ist besonders wichtig, wird hier doch Energie aktiviert und ein zusätzliches Drehmoment erzeugt.

Stellen Sie sich einfach vor, Sie würden einen Ball weit werfen. Noch bevor Sie voll ausgeholt haben, laufen die Bewegungen schon in die Gegenrichtung. Genau dieser Peitscheneffekt ist es, der die Geschwindigkeit in Ihren Armen und Handgelenken erhöht. Die Elastizität Ihres Körpers löst das Schleudern des Balls aus. So verhält es sich auch beim Golf.

Um einen fließenden Richtungswechsel zu gewährleisten, konzentriere ich mich im höchsten Punkt des Rückschwungs darauf, für den Bruchteil einer Sekunde mit meinem rechten Knie Widerstand zu leisten. Das linke Knie und die linke Schulter bewegen sich schon in Richtung Ziel, während die rechte Seite kurz innehält. Dieser kurze Halt gibt mir die Möglichkeit, daß ich die Energie meiner rechten Seite völlig in den Treffmoment entladen kann. Alles reduziert sich auf das wichtigste Element – das Timing. Das Geheimnis des Erfolgs ist nun, die beiden Hälften Ihres Schwungs so zu vereinen, daß ein flüssiger Bewegungsablauf entsteht. Denken Sie daran, wenn Sie trainieren. Sprechen Sie laut die Worte „langsam…und…abspulen", um einen weichen Rückschwung, einen guten Übergang und letztlich einen kraftvollen Schlag durch den Ball zu erzielen. Wenn ich bei den Profis unter denjenigen, die am weitesten schlagen, eine Umfrage starten

würde, woran sie beim Schlagen denken, garantiere ich Ihnen, würde die Antwort am häufigsten „leichter schwingen" heißen. Mit anderen Worten, sie nehmen sich alle Zeit, ihren Körper abzuspulen. Behalten auch Sie diesen Gedanken im Kopf.

Interessant ist ferner die Stellung der Handgelenke im Treffmoment. Erinnern Sie sich? Die Handgelenke waren beim Rückschwung schon auf halbem Weg voll abgewinkelt, eine Stellung, die auch im Übergang und bis tief in den Abschwung beibehalten wird. Erst wenn die Zentrifugalkraft beim Abschwingen des Schlägers so stark wird, daß ich den Winkel in meinen Handgelenken nicht mehr beibehalten kann, muß ich nachgeben, um den Schläger durch den Treffmoment hindurch zu beschleunigen. Diese Bewegung läuft freilich unbewußt ab. Sie ist das Ergebnis dessen, wenn Sie der Neigung widerstehen, zu früh mit Ihren Händen zu schlagen und dafür Ihren Abschwung ganz natürlich laufen zu lassen. Wenn überhaupt, dann versuche ich, den Schlägerkopf zurückzuhalten. Den Winkel in meinem rechten Handgelenk behalte ich so lange wie nur möglich bei. Tatsächlich ist es sogar so, daß meine rechte Hand erst rund 60 bis 90 Zentimeter nach dem Schlag völlig frei durchschwingt. Dies ist auch der einzige Moment während des Schwungs, in dem beide Arme gestreckt sind.

Noch etwas anderes. Ich denke nicht etwa daran, den Ball zu treffen, was den Treffmoment selbst viel zu sehr betonen und voraussetzen würde, daß der Schwung an dieser Stelle endet. Viel mehr arbeite ich an der Vorstellung, den Ball vom Boden „wegzudrücken" oder besser noch, ihn während der Drehung meines Körpers „aufzusammeln", um dann den Schlägerkopf zum Finish durchschwingen zu lassen. Bei einem guten Schwung liegt der Ball dem Schläger quasi nur im Weg.

Schlüssel für den Treffmoment

- Kopf und Rückgrat bleiben ruhig hinter dem Ball
- Während der Körperdrehung im Abschwung öffnen sich Hüften und Schultern in Richtung Linie zum Ziel
- Der Winkel Ihres Rückgrats ist derselbe wie bei der Ansprechposition
- Das rechte Knie bewegt sich auf einer Linie in Richtung linkes Knie – es knickt nicht zum Ball hin. Das linke Bein ist gestreckt und leistet Widerstand beim Schlagen

Beim Golfen macht man die großartige Erfahrung, daß mit jedem Schwung etwas Neues gelernt werden kann. Wenn Sie es schaffen, den Ball mitten auf dem Schlägerblatt zu treffen, kommen Sie in den Genuß eines Erfolgserlebnisses. Manche Lerneffekte bleiben hängen, einige gehen verloren. Dies ist es, was Sie immer wieder dazu bringt, mehr zu wollen.

ÜBUNG

Lernen Sie, Ihren rechten Arm frei fliegen zu lassen

Diese Übung für den rechten Arm wird Ihnen den Sinn eines guten Timings vermitteln – eines der Hauptaspekte für einen sauberen Schwung. Vollführen Sie einen normalen Rückschwung, lösen Sie dann aber Ihre linke Hand vom Griff, und versuchen Sie, den Schläger im Abschwung mit einem lauten Zischen durch den Treffmoment zu ziehen, so als ob Sie Gänseblümchen köpfen wollten.

Wenn Ihr Timing stimmt, wird sich Ihr rechter Ellenbogen erst öffnen, wenn Ihr rechter Arm nach unten schwingt. Und genau das soll passieren, wobei Sie den Schlägerkopf nicht nach vorne „werfen" oder Ihre Schulter „überdrehen" sollten. Es geht hier lediglich darum, Ihren Arm zu lösen und den Schläger richtig zu schwingen.

Wenn Sie ein bißchen mehr wagen wollen, dann nehmen Sie ruhig ein kurzes Eisen und versuchen Sie, ein paar Bälle zu schlagen. Legen Sie dabei Ihre linke Hand auf den Rücken, und verpassen Sie jedem Ball in einer weichen, fast trägen Bewegung des rechten Armes einen trockenen Schlag. Anfangs werden Sie – wie ich – sicher Schwierigkeiten haben. Aber wenn Sie einmal dieses Gefühl in der rechten Hand mit der Schlagfläche beim Schlag durch den Ball hindurch in Verbindung bringen, werden Ihnen auch einige gute und gerade Schläge gelingen. Unterbrechen Sie Ihr Training circa alle 20 Minuten mit sechs einhändigen Schlägen. Versuchen Sie dann, diese Empfindung des freien „Fliegenlassen" auf einen normalen Schwung zu übertragen.

EIN SCHWUNG FÜR'S LEBEN • **69**

70 • EIN SCHWUNG FÜRS LEBEN

> **ÜBUNG**
>
> ## Daumen hoch für einen scharfen Schlag
>
> Viele fragen mich, wie sie die Qualität ihres Schlages verbessern können. Ich rate ihnen dann, ein Eisen 9 zu nehmen und mit einem Dreiviertelschwung an einem kräftigen Schlag durch Ball und Rasen zu arbeiten. Denken Sie daran, die Daumen nach oben zu nehmen, während Sie sich zurück und wieder durch den Ball hindurch drehen. Das wird Sie erinnern, Ihre Handgelenke richtig abzuwinkeln und Ihren Schläger in ein gute Ebene zu bringen. Danach sollten Sie lernen, Ihr Tempo zu forcieren. Halten Sie Ihre Knie beieinander, und drehen Sie während des Treffmoments intensiv Ihren Körper. Versuchen Sie den Schlag selbst so laut wie möglich auszuführen. Häufig stelle ich mir vor, auf der Schlägerfläche wäre Schmirgelpapier befestigt, mit dem ich die Außenhaut des Balles abkratze. Es kommt mir vor, als würde ich den Ball in den Boden bohren, so daß er, während ich den Schlägerkopf frei laufen lasse, losfliegt.

EIN SCHWUNG FÜR'S LEBEN • 71

Das Finish – wickeln Sie den Schläger um Ihr Genick

Viele Golfer vernachlässigen ihren Durchschwung, vermutlich, weil sie glauben, daß der einmal getroffene Ball in seiner Flugbahn nicht mehr zu beeinflussen ist. Dies stimmt zwar, trifft aber nicht den Kern. Schließlich ist der Durchschwung Ausdruck dessen, was man vorhatte. Und die Tatsache, daß man weiß, wo man landen will, wird Ihnen helfen, den Schläger frei durch den Treffmoment hindurchzuschwingen.

Das Stichwort, das meinen Ab- und Durchschwung vielleicht am besten trifft, heißt hundertprozentiger Einsatz. Nach all der harten Arbeit an einer guten Rückschwungposition vertraue ich auf meinen Durchschwung und feure den Schläger voller Überzeugung durch den Treffmoment. Während ich mich sozusagen aus der Drehung löse, durchlaufe ich sämtliche Stellungen fast wie in einem Reflex. Auch Sie sollten sich bei der Achterbahnfahrt Ihrer Hände, Arme und Ihres Körpers vom schieren Schwung des beschleunigenden Schlägerkopfes mitziehen lassen.

Wenn ich mir all diese Details durch den Kopf gehen lasse, dann erwarte ich, daß mein Körper in einer ausgewogenen und geraden Stellung endet. Immer noch gibt es einen kleinen Widerstand in den Hüften und Knien, aber prinzipiell bin ich völlig entspannt. Der überwiegende Teil meines Gewichtes lastet nun auf dem linken Bein, während der rechte Fuß auf den Zehenspitzen steht und die Spikes voll zum Vorschein treten. Dank des starken und dennoch gefühlvollen Beineinsatzes könnte ich diese felsenfeste Stellung einige Sekunden lang einnehmen. Sie werden merken, daß Ihr rechtes Knie sich zum linken hin bewegt hat. Tatsächlich haben sich beide auf einer ziemlich geraden Linie zurück und wieder nach vorne bewegt, was sehr wichtig ist. Und so sehen die Punkte aus, auf die Sie beim Finish achten müssen: Das Rückgrat ist relativ gerade, und Ihre Brust zeigt zum Ziel. Im Treffmoment sollten Sie fast das Gefühl haben, jemand ziehe kräftig Ihre linke Gesäßtasche um Sie herum.

Ein weiterer nützlicher Schwunggedanke könnte sein, daß Sie Ihre rechte Schulter am Kinn vorbeiziehen, denn dann können Sie ziemlich sicher sein, einen guten Durchschwung vollzogen zu haben. Drehen Sie sich in Richtung Ziel, wobei Sie Ihren Kopf bewußt gemeinsam mit Ihrer rechten Schulter bewegen und so noch die Flugbahn des Balles beobachten können. Da Ihr Kopf sich gleichzeitig mit Ihrem Rückgrat dreht, sollten Sie das Gefühl haben, unter dem Schlag hindurchzuschauen.

Häufig stelle ich mir einfach vor, daß ich den Schläger um meinen Nacken wickle und er dabei auf meinem Hemdkragen zum Halten kommt. Der Schwung meiner Hände und Arme zieht mich in ein volles Finish, wobei meine rechte Schulter der Teil meines Körpers ist, der dem Ziel am nächsten ist. Beim Training halte ich diese klassische Endstellung so lange, bis der Ball gelandet ist.

ÜBUNG

Schwingen im Baseball-Stil

Viele Golfer vergessen häufig, daß sie ihren wie eine Feder aufgezogenen Körper im Abschwung wieder abspulen müssen. Der Baseballschwung hilft Ihnen dabei, Ihren Körper richtig zu drehen und das Gewicht in beiden Richtungen zu verlagern. Halten Sie einen Schläger in Taillenhöhe, und stellen Sie sich vor, Sie müßten einen Home Run machen. Drehen Sie Ihren Rücken zum Ziel, und schleudern Sie den Schlägerkopf durch den Treffmoment, bis Sie eine ausbalancierte Endstellung erreicht haben. Sie sollten dabei Ihre ganze Kraft einsetzen. Bei dieser Übung können Sie dann Stück für Stück den Schlägerkopf zum Boden neigen.

ÜBUNG

Vereinfachen Sie das Gefühl von Rotation und Widerstand

Eine kraftvolle Rotationsbewegung ist nur dann möglich, wenn im Schwung ein gewisser Widerstand vorhanden ist. Diese Übung, bei der Sie Ihre rechte Hand schieben, wird Sie Ihren ganzen Körper beim Auf- und beim Abschwung spüren lassen.

Halten Sie einen Schläger in Ihrer linken Hand, und nehmen Sie eine normale Ansprechposition ein, mit dem Unterschied, daß Ihr linkes Handgelenk über dem rechten liegt und der Rücken Ihrer rechten Hand gegen den Ihrer linken lehnt. Machen Sie nun Ihren Rückschwung, und Sie werden feststellen, daß die rechte Hand die linke schiebt. Behalten Sie die Spannung Ihres rechten Knies bei, so daß Sie der Drehung Ihres Körpers einen Widerstand entgegensetzen können. Ihre Muskeln im oberen Teil Ihres Rückens dehnen sich wie Gummibänder, während Sie den höchsten Punkt des Rückschwungs erreichen. Versuchen Sie, diese Stellung einen Mo-

ment lang beizubehalten. Im Abschwung hingegen schiebt die linke Hand, und Sie drehen sich gegen den Widerstand Ihres linken Knies. Im imaginären Treffmoment sollte der Handrücken der linken Hand zum Ziel weisen; von da an vollenden Sie den Schwung unter Einsatz Ihrer rechten Seite.

Diese Übung bewirkt wahre Wunder für das Verständnis von Dehnung und Widerstand beim Golfschwung. Sie hat zusätzlich den Vorteil, daß sie Ihnen die korrekte Drehung des linken und des rechten Arms vermittelt. Dies klingt zwar kompliziert, ist es aber nicht. Solange Sie die Rücken Ihrer Hände beieinanderhalten, werden sich Ihre Arme automatisch richtig drehen und einknicken. Führen Sie diese Übung beim Training durch, aber auch dann, wenn Sie auf dem Platz das Gefühl haben, Sie müßten die Empfindung für einen guten Schwung nochmals rekapitulieren.

4

Timing und Tempo
Schlüssel zur Beständigkeit

*Nichts ist meiner Ansicht nach wichtiger als die Tatsache,
den Schläger mit einer Geschwindigkeit zu schwingen,
bei der man ihn kontrollieren kann. Ich versuche stets, den Ball
im selben einfachen Rhythmus zu schlagen.
Je mehr ich unter Druck stehe, desto mehr nehme ich mir vor,
das Tempo zurückzunehmen.*

Ich erinnere mich noch genau, wie ich vor vielen Jahren mit meinem damaligen Lehrer Ian Connelly über die Auswirkungen physischer Anstrengung während des Schwungs und die Art und Weise, wie ich den Ball traf, diskutierte. Wir standen auf dem Übungsgelände des Golfclubs Welwyn Garden City.
Als junger Mann glaubte ich, daß ich viel weiter schlagen würde als ich es tatsächlich konnte. So hätte ich damals statt eines 4er Eisens immer ein 5er Eisen genommen und angestrebt, mit diesem besonders hart zu schlagen. Ich versuchte es mit Gewalt, was jedoch meine Kontinuität auf dem Platz wenig förderte. Ian schlug mir ein kurzes Experiment vor.
„Nimm ein Dutzend Bälle", sagte er, „und schlage sechs von ihnen so hart wie möglich mit einem 5er Eisen." Ich tat, was er von mir verlangte. „Nun versuche die anderen sechs mit normaler Kraft zu schlagen, so als ob du in Zeitlupe schwingen würdest!" Sie können sich vorstellen, was passierte. Je leichter ich schlug, desto besser traf ich den Ball, desto leichter löste er sich vom Schlägerblatt und desto gerader flog er letztlich. In diesem Augenblick erhielt ich die vielleicht wichtigste Lektion meines Lebens. Der etwas schleppende Rhythmus ist seitdem eines meiner Markenzeichen. Auch wenn mein Schwung sich im Laufe der Jahre verändert hat, mein Tempo und zumindest die *Gleichmäßigkeit* meines Tempos blieben identisch. Diese Tatsache betrachte ich als einen grundsätzlichen Lernprozeß.

Tempo – ein individueller Stil

Alle berühmten Spieler zeichnen sich dadurch aus, daß sie mit jedem Schläger im gleichen Takt, d.h. Tempo, schlagen. Manche sind schneller als die anderen, was aber ganz normal ist. Wir unterscheiden uns in dieser Beziehung alle voneinander. Doch ob schnell oder langsam, der bewußt spielende Golfer hat einen Rhythmus, der sich wie ein roter Faden durch sein ganzes Spiel zieht.

Seit ich als junger Mann diese oben beschriebene Erfahrung machte, zog ich es immer vor, den Schläger in einem langsamen und überhaupt nicht hastigen Tempo zu schwingen. Ich könnte ein paar Bälle mit einem 3er Holz schlagen, dann ein Eisen 5 nehmen – Sie würden den Unterschied in der Schwunggeschwindigkeit und die Kraft, die ich in den jeweiligen Schlag hineinlege, kaum bemerken. Ich vertraue dem Schläger, daß dieser seine Aufgabe erledigt, und konzentriere mich statt dessen auf einen guten Rückschwung und Abschwung. Je größer der Druck ist, dem ich ausgesetzt bin, desto mehr zwinge ich mich, das Tempo zurückzunehmen.

Auch dies ist eine Lektion, die ich schon früh in meiner Wettkampflaufbahn lernen mußte. Unter Druck tendieren die meisten Spieler dazu, ihr Schrittempo und auch ihre Bewegungen über dem Ball zu beschleunigen. So verlieren sie fast unausweichlich den Faden, der ihren Schwung zusammenhält. Wenn man sich dieser Gefahr bewußt ist, kann man dagegen ankämpfen. Mit 19 Jahren habe ich diese Theorie des „langsamen" Spiels erstmals bei der British Youths' Championship in Ganton praktiziert und prompt mein erstes größeres Turnier gewonnen. Ich kann mich genau daran erinnern, wie ich auf dem letzten Fairway entlanglief und mir sagte „tief durchatmen…leicht schwingen". Das ist auch heute noch das beste Druckventil, das ich kenne.

Auf meinen Reisen rund um die ganze Welt habe ich nicht viele Spieler mit einem zu langsamen Schwing kennengelernt, dafür um so mehr mit einem zu schnellen. Mein Rat an alle – beobachten Sie Spieler wie Ernie Els oder Fred Couples, und lernen Sie von ihnen. Beide haben einen betont langsamen Schwung, können aber den Ball buchstäblich meilenweit schlagen. Je leichter Sie den Schläger schwingen, desto besser treffen Sie den Ball. Vor allem, Sie haben im Notfall noch ein paar Kraftreserven.

Natürlich gibt es Ausnahmen, und wer weiß, vielleicht sind auch Sie solch eine. Nick Price zum Beispiel hat einen schnellen, nach oben gerichteten Schwung, aber er paßt auch gut zu ihm. Nick läuft schnell, redet schnell und haut auf den Ball, als wolle er ihn auseinanderhacken. Aber – er behält einen wunderbaren Rhythmus bei, und alle Elemente seines Schwungs sind eine Einheit. José Maria Olazábal ist auch so ein Spieler, der einen fast nervösen Schlag entwickelt hat. Doch wie Price hat auch er einen gleichbleibenden Rhythmus bei allen seinen Schlägen.

Achten Sie einmal auf die Art und Weise, wie Sie laufen, reden, welchen allgemeinen Lebensstil Sie pflegen. Und seien Sie ehrlich! Versuchen Sie nicht, gegen Ihr natürliches Tempo anzugehen. Wir alle haben einen unterschiedlichen Rhythmus. Die einen funktionieren besser im langsamen Takt, die anderen brauchen einfach ein höheres Tempo.

Er macht es ganz locker – Fred Couples gehört zu den Spielern, die am weitesten schlagen, aber einen der entspanntesten Schwünge haben.

TIMING UND TEMPO • 79

Beginnen Sie langsam, bauen Sie Ihr Selbstvertrauen auf

Jemand hat mir einmal gesagt, daß Autorennfahrer eine neue Strecke häufig abfahren, um ein Gefühl für alle Kurven und Windungen zu bekommen, mit denen sie es später zu tun bekommen. Bei geringer Geschwindigkeit können sie sich viel besser alle relevanten Informationen einprägen, die sie bei hoher Geschwindigkeit beherrschen müssen. Ein Prinzip, das auch auf den Golfschwung zutrifft. Wiederholung ist der Schlüssel, und wie ein Rennfahrer können auch Sie Ihre Sinne viel besser sensibilisieren, wenn Sie sich Zeit nehmen und auf Ihren Körper hören. Alles dreht sich darum, eine Art Muskelerinnerung aufzubauen. Fangen Sie ganz langsam an, und steigern Sie dann Ihr Tempo. Wenn Sie sich darauf konzentrieren, den Schläger in einem realistischen und komfortablen Takt zu schwingen, werden Sie Ihr Selbstvertrauen stärken, und alle Glieder der Kette werden richtig aneinandergereiht. Beim Training arbeite ich an einzelnen Bewegungselementen. Doch wenn ich daran gehe, all diese Elemente zu einem Ganzen zusammenzufügen, konzentriere ich mich darauf, daß der Schwung zu 100 Prozent flüssig ist. Eines meiner Hauptziele ist, die Lücke zwischen meinen schlechtesten und meinen besten Schlägen zu schließen, so daß die Flugbahn vorhersehbar und der Ball letztlich kontrollierbarer wird. Als Profispieler lernt man schnell, daß Turniere nicht über die Anzahl der guten Schläge entschieden werden. Statt dessen werden sie über die Zahl der mißglückten Schläge gewonnen oder verloren. Der Schlüssel zu einem guten Score ist deshalb – das können Sie für Ihr Spiel beherzigen – die Schadensbegrenzung.

Nachfolgend ein paar Ideen und Übungen, die ich in meinem täglichen Training anwende. Gedanken, die meinem Schwung eine Art Trott verleihen. Einige dieser Übungen lassen sich durchaus zu Hause im Garten ausführen. Schlagen Sie Plastikbälle, um sich Ihr Tempo und Ihren Rhythmus einzuprägen. Erinnern Sie sich nur daran, daß ich die Worte „langsam…langsam" als Schwunggedanken anwende. Es kann allerdings sein, daß Ihr „langsam" sich von meiner Version völlig unterscheidet.

Egal, ob ich mit einem Driver, einem 5er Eisen oder einem Wedge spiele, mein Schwung ist immer gleichbleibend ruhig. Überlassen Sie es dem Schläger, den Ball zu treffen.

Alles übers Gleichgewicht – schwingen Sie mit geschlossenem Stand

Wenn Sie leicht das Gleichgewicht verlieren, können Sie einen guten Schwung nur durchführen, wenn Sie im Auf- und im Durchschwung einen gleichmäßigen Rhythmus beibehalten.

Diese Übung ist eigentlich ein alter Hut, aber sie ist immer noch eine der besten, wenn es darum geht, ein Gefühl für Harmonie bei Körperdrehung und Schwung der Arme zu entwickeln. Ich habe diese Übung „Charlie-Chaplin-Routine" getauft. Nehmen Sie mit einem 7er Eisen in Händen die Ansprechstellung ein, wobei Ihre Füße kaum mehr als zehn Zentimeter auseinander stehen sollten. Die Hacken sind einander zugewandt. Nun vollführen Sie jeweils einen Dreiviertelschwung und schlagen ein paar Bälle. Wenn Sie den Ball sauber in der Mitte der Schlagfläche treffen, werden Sie sehen, wie nah beieinander die Bälle zum Liegen kommen. Bei einer solch eingeschränkten Standposition sollte Ihr Hauptaugenmerk der ausbalancierten Drehung Ihres Körpers und dem Schwung Ihres Schlägers gelten. Dabei gibt es keinen Grund, sich mit Gewalt oder ruckartig zu

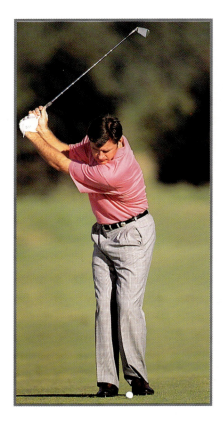
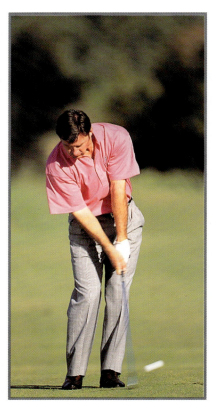
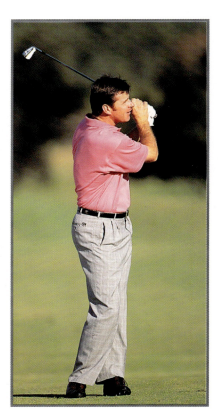

TIMING UND TEMPO • 81

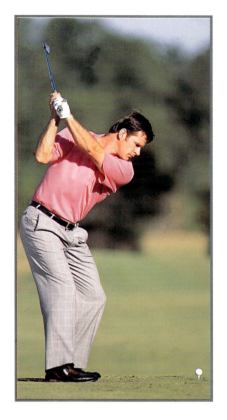

bewegen. Auf diese Weise lernen Sie, einen guten Rhythmus und einen seidigweichen und koordinierten Schwung zu entwickeln.
Diese Übung bezweckt und unterstützt eine gute Hüft- und Schulterdrehung bei gleichbleibendem Winkel des Rückgrats. Sie sollten dabei fühlen, wie sich Ihr Gewicht Stück für Stück zurück und wieder nach vorne verlagert, wobei sich Ihre Beine kaum bewegen. Ich habe festgestellt, daß das zeitgleiche Ein- und Ausatmen während meines Rück- beziehungsweise Durchschwungs mir helfen, das Tempo meiner Bewegungen zu regulieren. Ich kann mich besser konzentrieren und den Körper ruhig halten. Trainieren Sie nach dieser Methode für die Dauer von zehn bis 15 Minuten. Danach sollten Sie wieder einen normalen Stand einnehmen und versuchen, dieses Gleichgewichtsgefühl erneut zu erlangen. Um die Qualität des Schlagens selbst zu verbessern, teen Sie einen Ball hoch auf, und zwar rund zwei Zentimeter über dem Boden, damit Sie ein Gefühl dafür bekommen, den Ball nicht etwa zu schlagen, sondern ihn förmlich *aufzusammeln*. Wenn Sie zu hart schwingen, werden Sie ihn wahrscheinlich mit dem oberen Bereich des Blattes treffen, was sich furchtbar anfühlt. Zwingen Sie sich also zu dem Gedanken „langsam", und lassen Sie den Schlägerkopf square auf den Ball treffen.

Um ein besseres Gefühl für Rhythmus zu bekommen, sollten Sie sich auf die Geschwindigkeit achten, mit der sich Ihr Oberkörper dreht und sich darauf konzentrieren, den Ball sauber vom Tee zu schlagen.

Geschlossene Augen schärfen Ihre Sinne

Wenn ein Sinnesorgan ausfällt, ist es gewöhnlich so, daß die anderen um so besser funktionieren. Von dieser Annahme ausgehend, ist es eine hilfreiche Übung, mit geschlossenen Augen zu schwingen und auf diese Weise die Empfindung für Harmonie und Tempo zu entwickeln.

Nehmen Sie die übliche Ansprechposition ein, und machen Sie mit fest verschlossenen Augen einige Probeschwünge. Sofort werden Sie nicht nur feststellen, wie Ihr Körper agiert, sondern auch in einer Art Rückkopplung spüren, woher das Tempo resultiert. Dabei wandern meine Gedanken automatisch zu meinen Schultern, denn sie sind es, das spüre ich genau, die meinen Schwung kontrollieren. Bei Ihnen könnte es auch Ihr Brustkorb oder die Arme sein. Wiederholen Sie diese Übung einige Minuten lang, bis Sie vor Ihrem geistigen Auge genau sehen, wie die Bewegungen ineinander übergehen.

Ein weiteres wichtiges Element sind die Geräusche, die Sie machen. Wieder können Sie mehr wahrnehmen, wenn Sie die Augen schließen. Machen Sie nur einige Übungsschwünge mit einem Holz 3, und lauschen Sie dem Pfeifen des Schlägerschaftes. Der Trick bei dieser Übung ist, daß Sie sich selbst so leise wie möglich verhalten müssen. Beschleunigen Sie den Schläger immer stärker, so daß die größte Kraft – und der lauteste Ton – im Treffmoment zu spüren beziehungsweise zu hören sind. Mein bestes Golf spiele ich dann, wenn ich das Gefühl habe, daß ich mein Schwungtempo aus dem Inneren bestimme. Ich drehe mich mit meinen Schultern und merke genau, wie sich die Kraft ohne mein Zutun Stück für Stück aufbaut.

Schwingen durch tiefes Rough ist eine weitere gute Übung, die ich besonders als junger Golfer gern praktizierte. Gegen den Widerstand von hohem Gras haben Sie keine andere Wahl, als Ihren Schläger langsam zurückzuschwingen – genaugenommen ist es unmöglich, den Schläger im Rückschwung durchs Gras zu fetzen. Danach sollten Sie versuchen, die Geschwindigkeit langsam aufzubauen.

Ein ideales Schwungtempo haben Sie dann, wenn Sie im tiefsten Punkt Ihres Schwungs die maximale Geschwindigkeit erreichen.

ÜBUNG

Ruhige Beine helfen, Ihren Oberkörper im Abschwung zurückzudrehen

Nichts ist für einen flüssigen und gleichmäßigen Schwung wichtiger als das Timing im beginnenden Abschwung. Dabei geht es darum, die beiden Hauptelemente Ihres Schwungs so harmonisch miteinander zu verbinden, daß Arme und Körper synchron agieren und auf diese Weise die größte Kraft im Treffmoment entwickeln.

Am sichersten können Sie einen fließenden Ablauf dieser Kettenreaktion ruinieren, wenn Sie Ihre Beine zu Beginn des Abschwungs nach vorne schieben. Dies war viele Jahre lang auch mein Problem, weshalb ich immer darauf achten werde, wie sich meine Beine verhalten. Alte Gewohnheiten sind schwer abzulegen. Nachfolgend sehen Sie einige spezielle Übungen, durch die Sie zunächst eine gute Beinarbeit entwickeln und schließlich ein gleichmäßiges Tempo trainieren können.

Zunächst schlagen Sie Bälle mit geöffneten Füßen. Nehmen Sie dabei Ihre übliche Ansprechposition ein, wobei Sie Ihren linken Fuß so weit nach hinten versetzen sollten, bis die Fußspitze sich in Höhe der rechten Ferse befindet. Sollten Sie bislang die Neigung gehabt haben, im beginnenden Abschwung Ihre Knie in Richtung Ziel zu verlagern, dann ist dies spätestens jetzt Geschichte. In dieser Stellung bleibt Ihren Beinen gar nichts anderes übrig, als der Rotation Ihres Körpers zu folgen – und dies ist der Schlüssel zu einem wiederholbaren Schwung.

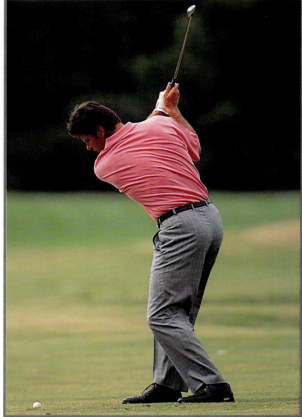

TIMING UND TEMPO • 85

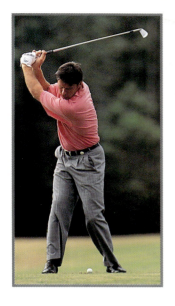
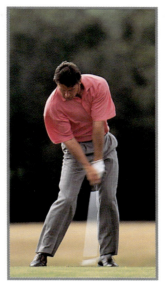

86 • EIN SCHWUNG FÜRS LEBEN

Stellen Sie sich vor, Ihre Beine seien Stoßdämpfer, die Ihren Schwung stabilisieren. Setzen Sie sie richtig ein – sowohl innerhalb als auch außerhalb des Bunkers –, und machen Sie die Erfahrung eines perfekten Timings.

Wenn man bedenkt, daß es nur mit einem ausbalancierten Schwung möglich ist, einen Ball sauber aus einem Sandhindernis zu befördern, ist die Vorstellung, mit vollen Schlägen aus einem Fairwaybunker zu schlagen, durchaus reizvoll. Graben Sie Ihre Füße dabei aber nicht wie bei einem normalen Bunkerschlag in den Sand ein. Stellen Sie sich vielmehr vor, Sie stünden auf einer Eierschale über dem Ball. Der Schlüssel zum Erfolg bei dieser Übung besteht darin, daß Sie leicht auf Ihren Füßen stehen.
Nehmen Sie ein mittleres Eisen, und strengen Sie sich an, präzise zu schlagen. Angesichts der geringeren Standfestigkeit können Sie nur dann tief genug unter

TIMING UND TEMPO • 87

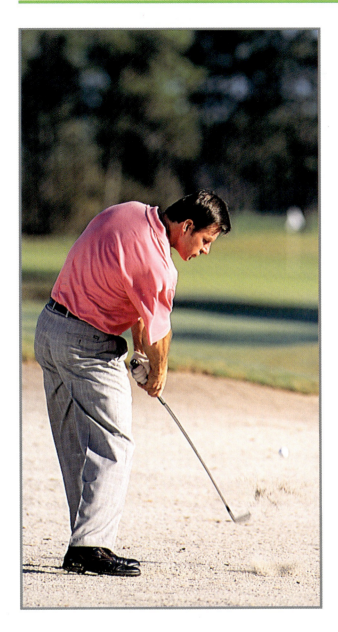 

dem Ball hindurchkommen, wenn Sie einen kontrollierten Schwung mit passiver Beinarbeit durchführen. Konzentrieren Sie sich auf die Drehung Ihres Oberkörpers, und lassen Sie Ihren Armen freien Lauf, während Sie sich in Richtung Ziel drehen. Wenn Sie Ihren Rhythmus verlieren, gibt es keine Aussicht auf einen guten Schlag.

Einen ähnlichen Testeffekt für Beinarbeit und Gleichgewicht erzielen Sie, wenn Sie in normalen Straßenschuhen zu Hause auf dem Teppich einen Schläger schwingen. Wenn Sie zu viel Kraft einsetzen, werden Sie leicht ausrutschen. Entspannen Sie, und geben Sie den Mechanismen Ihres Schwungs die Möglichkeit, sich zu entfalten. Versuchen Sie, das Gewicht des Schlägerkopfes am Ende des Schaftes zu spüren, und halten Sie Ihre Füße ruhig.

Wechseln Sie die Schläger, und schulen Sie Ihren Verstand

Manchmal schlage ich ein Dutzend Bälle mit einem 5er Eisen, um dann wie aus heiterem Himmel einen Driver auszupacken und ebenfalls Bälle zu schlagen. Ich stelle mir dann vor, ich würde weiterhin ein Eisen 5 in Händen halten. Dabei versuche ich, genauso und mit dem gleichen Einsatz zu schwingen. Danach nehme ich für weitere zehn bis zwölf Schläge wieder ein kurzes Eisen – immer mit demselben Ziel vor Augen. Schließlich packe ich mein Eisen 1 aus und stelle mir vor, ich würde einen Wedge schwingen. Dieser dauernde Wechsel zwischen den Schlägern ist eine sichere Methode, Ihren Verstand zu disziplinieren. Sie verschafft Ihnen einen gleichmäßigen Schwung für Ihr gesamtes Spiel.

Bei einer anderen Technik, die ich anwende, schwinge ich den Schläger betont langsam. Das heißt: Wenn ich mit einem Eisen 7 Bälle zur Fahne schlage, versuche ich, dieselbe Distanz auch mit einem Eisen 5 zu erzielen. Dadurch zwinge ich mich, meinen Schwung auf 50 Prozent meines normalen Einsatzes zu reduzieren. Auf diese Weise kann ich herausfinden, wie sich mein Körper bewegt und bin zudem in der Lage, eventuelle Fehler auszubügeln, die bei normalem Schwungtempo entstehen.

Jedesmal, wenn ich diese Übung erwähne, erinnere ich mich an eine Begebenheit mit dem berühmten irischen Spieler Christy O'Connor. Damals trainierte er für die Open 1973 in Troon. Christy hatte gerade das Grün des 115 Meter langen achten Lochs mit dem Namen „Postage Stamp" verpaßt, als jemand auf der Zuschauertribüne laut auflachte. Er machte sich darüber lustig, daß Christy gerade mit einem Eisen 9 das kürzeste Loch der Meisterschaft verfehlt hatte, worauf dieser ungefähr zwölf Bälle aus seiner Tasche nahm und jeden einzelnen mit jedem Schläger aus seiner Tasche einschließlich des Drivers in einem meisterlichen Rhythmus aufs Grün plazierte.

Ein langsamer Schwung hat noch einen weiteren Vorteil. Je leichter Sie den Schläger bewegen, desto weniger Backspin erhält der Ball im Treffmoment und desto tiefer fliegt er in Richtung Ziel. Hat man dies einmal begriffen, läßt sich daraus einer der wichtigsten Schlüsse bezüglich Spielstrategie und Ballkontrolle ziehen. Wenn Sie sich auf dem Platz befinden, sollten Sie ruhig einen Schläger mehr, also z.B. statt eines Eisens 5 ein Eisen 4 und so weiter, nehmen.

Einer für alle

Ich werde von vielen Golfern gefragt, wie sie ihren Schwung dem unterschiedlichen Loft und Lie der verschiedenen Schläger anpassen können. Ehrlich gesagt, brauchen Sie sich darum nicht zu kümmern. Es ist schon schwer genug, einen Schwung zu erlernen, warum soll man die Dinge also unnötig erschweren. Alles, worauf Sie achten müssen, ist die korrekte Ansprechposition (Kapitel 2) und eine aktive Oberkörperbewegung zurück und vorwärts in Richtung Ziel.

Meine Schwunggedanken sind, egal, ob ich ein Eisen 3 oder 9 nehme, identisch. Ich passe lediglich meine Haltung dem jeweils längeren Schaft an, und schon wird meine Schwungebene automatisch flacher. Hauptsache ist, daß Sie jeweils eine volle Schulterdrehung vollziehen und alle beweglichen Elemente Ihres Schwungs synchronisieren. Je länger die Eisen und Hölzer – und damit die Schaftlängen – werden, desto mehr sollten Sie Ihre Schultern einsetzen und weiter drehen als Ihre Hüften. Das ist das ganze Geheimnis.

Überprüfen Sie regelmäßig Ihren Schwung vor einem Spiegel. Hilfreich ist zum Beispiel, Ihre linke Schulter unter Ihr Kinn zu drehen, damit der Rücken zum Ziel hin weist. Überlassen Sie der Physik sämtliche Details. Die Länge Ihres Schwungbogens wird natürlich umso größer, je länger Ihre Eisen und Hölzer sind. Das bedeutet natürlich auch, daß mit zunehmender Schwungkraft die Schlägerkopfgeschwindigkeit im Treffmoment proportional ansteigt.

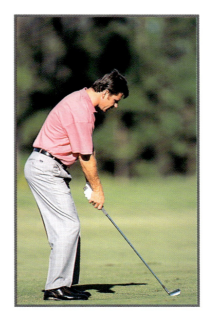
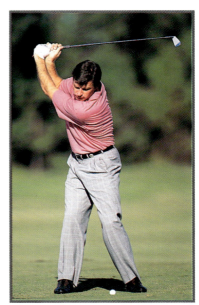
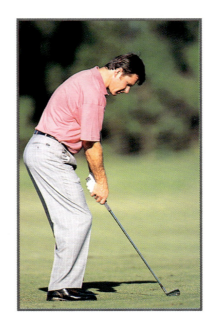
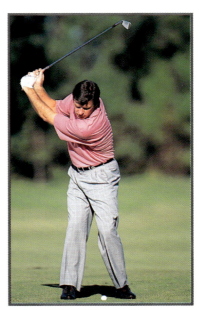

Schwierige Schläge – betonen Sie Ihre Stärken

Neun von zehn mißglückten Schläge lassen sich dadurch erklären, daß ich aus dem Rhythmus geraten bin, weil ich mich zu Beginn oder im höchsten Punkt des Rückschwungs zu hastig oder zu ruckartig bewege. Dies sind die beiden kritischen Aspekte des Schwungs, auf die Sie besonders achten müssen. Wenn Sie den Schläger quasi vom Ball wegfetzen, ist Ihre Synchronisation in diesem Augenblick dahin. Dasselbe passiert, wenn Sie zu schnell in den Abschwung übergehen, ohne den Rückschwung richtig beendet zu haben. Es fehlt die gleichmäßige Verbindung zwischen den Schwungelementen.

Einen schlechten Beginn des Rückschwungs kann man häufig mit einer schlechten Haltung erklären, sei es, daß Sie Ihren Rücken zu sehr gerundet haben oder Ihre Schultern hängen. Sofort werden Hände und Arme losgelöst von der Körperbewegung agieren. Ihre Haltung sorgt einfach nicht für eine gute Koordination Ihrer Bewegungen.

Denken Sie stets daran, daß ungefähr der erste Meter zu Beginn Ihres Rückschwungs besonders langsam und bewußt durchgeführt werden sollte. Nur dann können Sie Stück für Stück Geschwindigkeit aufbauen und die Schwungelemente miteinander verschweißen. Das heißt, daß Sie sich bei den ersten Schwierigkeiten immer auf die grundsätzlichen Prinzipien der Ansprechposition besinnen sollten, um dann den Rückschwung gut zu beginnen. Denken Sie an den Auslöser Ihres Schwungs beziehungsweise das „Druckventil". Es muß sich etwas bewegen, damit auch Ihr Schwung in Gang kommt. Pendeln Sie den Schläger ein, bewegen Sie Ihre Hüften, oder drücken Sie Ihre Knie – Hauptsache, Sie lösen eine weiche und synchronisierte Bewegung weg vom Ball aus.

Es ist eine der schwierigsten Aufgaben im Golf, stets einer nachlässigen Ansprechposition und Haltung zu widerstehen. Darüber habe ich mit vielen Spielern gesprochen, und alle sind derselben Meinung: Man muß seine *Routine* vor dem Schlag gnadenlos einhalten. Ein Wort, das ich schon mal erwähnte und dessen Bedeutung man nicht unterschätzen sollte. Die Routine vor dem Schlag ist der Schlüssel zu Kontinuität und zu der Fähigkeit, mit kommendem oder bestehendem Druck fertig zu werden. Erfolgreich sind nur diejenigen Spieler auf der Tour, die sich jedesmal beim Ansprechen des Balls disziplinieren.

ÜBUNG
Von oben schlagen

Die Gefahr, zu sehr von der Spitze des Rückschwungs aus zu schlagen, ist ein Problem, das viele Amateure und bis zu einem gewissen Grad auch einige Profispieler beschäftigt. Natürlich widerspricht es allem, was ich über das richtige Auf- und Abdrehen im Rück- und Abschwung gesagt habe. Wenn Sie sich im Abschwung zu schnell zurückdrehen, sind Sie im höchsten Punkt überhastet, was zahlreiche Probleme im Treffmoment zur Folge hat. Wie können Sie also einen guten Übergang zwischen Rück- und Abschwung erreichen und gleichzeitig Ihren Durchschwung wieder in die richtige Bahn bringen? Nehmen Sie Ihren Driver, greifen Sie ihn am Schlägerkopf, und schwingen Sie den Schaft. Das Schwunggeräusch im Treffmoment wird so lange nicht stimmen, so lange Sie Ihren Körper nicht richtig abspulen und die Geschwindigkeit nach und nach aufbauen. Versuchen Sie, sich voll aufzudrehen und zu strecken, aber schwingen Sie dabei langsam – Sie müssen spüren, wie das Tempo aus Ihrem Körper kommt.

Bei einer anderen Übung greife ich den Schläger so, daß die Hände auseinanderliegen und schwinge im Zeitlupentempo. Sie hat zwei Vorteile: Zum einen sorgt sie dafür, daß sich meine Arme und mein Körper im beginnenden Schwung koordiniert bewegen. Zum zweiten sorgt sie für eine gute Weite im höchsten Punkt.

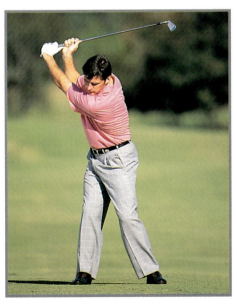

Übertragen Sie Ihr Spiel auf den Platz

Es hat wenig Zweck, 100 Bälle hintereinander mit einem Driver zu schlagen. Wechseln Sie in der Aufwärmphase vielmehr die Schläger ab, was Ihnen helfen wird, einen guten Rhythmus beizubehalten.

Wenn Sie auf der Driving Range nur einen Ball nach dem anderen schlagen, werden Sie zwar immer besser, aber auch immer schneller. Die Ursache liegt beim sogenannten „Muskelgedächtnis", das Ihnen hilft, die Bälle immer wieder auf dieselbe Weise zu treffen. Sobald Sie aber eine kleine Pause machen, ist es nahezu unmöglich, den eben trainierten Schwung zu wiederholen. Wie können Sie also diesen Schwung von der Driving Range auf den Platz übertragen?
Als erstes überprüfe ich auf noch auf dem Übungsgelände meine Grundstellungen – Griff, Ausrichtung, Haltung usw. Da ich häufig spiele, erscheint es zwar unwahrscheinlich, daß ich eine verkehrte Ansprechposition einnehme, aber Fehler kann man sich einfach nicht erlauben. Schon kleine Fehler multiplizieren sich auf Dauer und ziehen letztlich große Schwungfehler nach sich.

Wenn ich einmal mit meiner Ansprechposition zufrieden bin, dehne ich meine Muskeln mit Hilfe einer normalen Drehbewegung und greife dann zu einem Wedge oder Eisen 9, um die Sache behutsam anzugehen. Dabei geht es mir nur darum, ein Gefühl für meinen Schwung zu bekommen. Hier helfen mir die kurzen und einfachsten Schläger, mein Selbstvertrauen zu festigen. Zu Beginn mache ich mir keine allzu großen Gedanken, zu einem bestimmten Ziel zu schlagen. Es geht einfach nur darum, den Körper zu lockern.

Nach ein paar Minuten beginne ich schließlich das Training mit den Eisen – an einem Tag die ungeraden, am nächsten die geraden – und schlage je Schläger vier bis fünf Bälle. Nachdem ich mein Schwunggefühl gefunden habe, wage ich mich an die langen Eisen und Hölzer, schlage erneut ein halbes Dutzend Bälle, um letztlich Stück für Stück wieder zu den kurzen Schlägern zurückzukehren. Dieser Prozeß ist sehr wichtig, weil die Muskeln quasi eine Abkühlphase brauchen, ehe man auf den Platz geht.

Ungefähr 20 Minuten lang dauert diese Form des Trainings, danach konzentriere ich mich auf das kurze Spiel. Mit ein paar Bunkerschlägen bekomme ich ein Gefühl für den Sand, danach ein bis zwei Chips, mit denen ich die Geschwindigkeit der Grüns teste. Zehn Minuten vor dem ersten Abschlag nehme ich den Putter, loche zunächst einige kurze Putts ein, um dann den Ball aus sieben bis zehn Meter rollen zu lassen. Zehn Minuten fürs Putten reichen vollkommen. Jetzt bin ich bereit, an den Abschlag zu gehen.

Rund 40 Minuten dauert das routinemäßige Training vor jedem Spiel. Wenn alles pünktlich abläuft, gehe ich direkt vom Puttinggrün zum Abschlag. Sollte etwas dazwischen kommen, versuche ich mich zu beschäftigen. Zum Beispiel nehme ich ein mittleres Eisen, mit dem ich neben dem Abschlag ein paar leichte Schwünge mache – damit halte ich die Muskeln warm. An einem anderen Tag könnte ich aber auch einen Wedge nehmen, denn gerade der kurze Schaft dieses Schlägers sorgt dafür, daß ich meinen Rhythmus beibehalte. Ich kann förmlich spüren, wie mein Körper den Schläger schwingt und nicht umgekehrt, wozu man mit dem langschaftigen Driver tendiert. Noch besser ist es, wenn man in der Nähe des Abschlags ein Stückchen Rough findet. Beim Schwung durch das Rough bekomme ich ein Gefühl für den Widerstand des Grases.

All diese Vorbereitungen dienen letztlich dazu, seinen ersten Schlag zu machen, vermutlich der wichtigste des ganzen Tages. Mit ihm stimmt man sich gewissermaßen auf die ganze Runde ein. Wenn Sie es schaffen, Ihren Drive mitten auf dem Fairway zu plazieren, werden Sie voller Selbstvertrauen loslaufen. Ganz anders ist das Gefühl, sollten Sie gleich in Schwierigkeiten geraten sein. Von Anfang an sind Sie entmutigt. Deshalb rate ich Ihnen, nicht gleich zum Driver zu greifen. Nehmen Sie statt dessen lieber einen Schläger, dem Sie vertrauen. Ein 3er Holz erscheint mir häufig die beste Wahl zu sein, sorgt doch der größere Loft für mehr Selbstvertrauen, und die Wahrscheinlichkeit, daß Sie den Ball gut treffen, wächst. Ich selbst konzentriere mich auf einen einzigen Schlüsselgedanken – meistens geht es ums Schlagtempo –, dann atme ich tief durch und schwinge.

Als hilfreich beim ersten Abschlag hat sich der Gedanke erwiesen, den Ball im Treffmoment quasi „aufzusammeln". Er zielt ganz besonders auf ein ausgewogenes Tempo ab. Stehen Sie am Abschlag, und sagen Sie sich, der Ball läge einem guten Schwung nur im Wege. Versuchen Sie keinesfalls, zu hart zu schlagen, sondern drehen Sie sich langsam zurück und durch den Ball hindurch, und bringen Sie diesen ins Spiel. Das ist die Hauptsache.

Das Fairway-Holz –
immer derselbe ruhige Schwung, immer derselbe Rhythmus

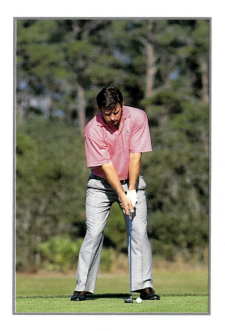

Knie

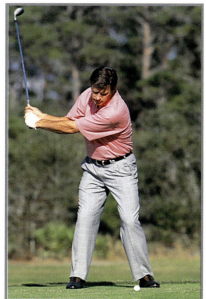

Drehen und Abwinkeln

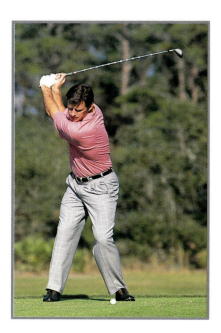

Aufdrehen

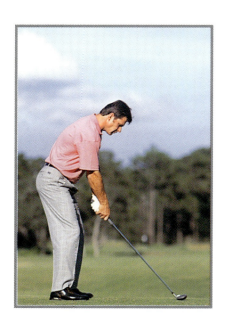

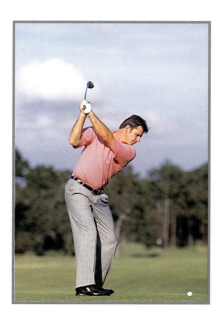

TIMING UND TEMPO • 95

Vergleichen Sie doch mal diese Bilder einer Fotoserie mit einem Holz 3 mit den Bildern aus dem ersten Kapitel, bei dem ich ein Eisen 5 benutze. In diesem Fall ist der Schläger etwas länger, der Ball Bruchteile weiter von meinem Körper entfernt, auch der Radius meines Schwungs ist natürlich größer. Aber der Rhythmus ist derselbe. Meine Schwunggedanken helfen mir, einen wiederholbaren Schwung zu vollführen und den Ball sauber vom Fairway zu schlagen.

Langsam abspulen

Den Ball beobachten

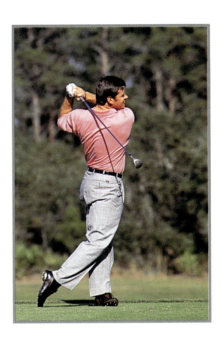
Niedrige Hände

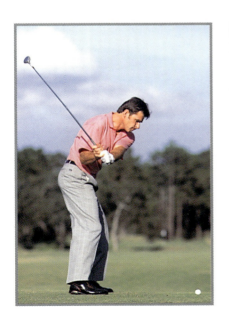

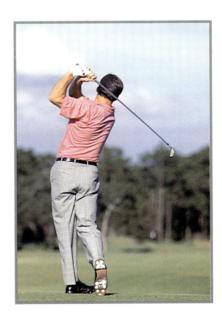

5

Beeinflussung des Balls

*Den Ball auf eine bestimmte Flugbahn zu schicken,
gehört sicher zum Oberstufenpensum im Lernprozeß eines Golfers.
Die Fähigkeit, die Flugbahn des Balls nach Wunsch zu beeinflussen,
ist der Schlüssel dafür, mit den unterschiedlichsten
Windbedingungen fertigzuwerden.*

Bei der San Diego Open 1982 in Torrey Pines spielte ich gemeinsam mit einem entfesselten Jack Nicklaus und einem fantastisch treffenden Andy Bean. Die beiden nahmen den Platz im wahrsten Sinne des Wortes auseinander. Nicklaus beendete die Runde mit einer glorreichen 64, Bean immerhin noch mit einer 68. Meine glanzlose 71 fühlte sich dagegen eher an wie eine 81.

Am späten Nachmittag begann ich plötzlich, Jacks Runde zu analysieren und mußte feststellen, daß ich Zeuge der perfekten Ballkontrolle geworden war. Wo immer die Flagge steckte, Jacks Eisen zielten immer auf die Mitte des Grüns, um dann, wie von Radar gelenkt, den Ball auf die eine oder andere Seite zu ziehen. Steckte die Flagge auf der rechten Seite, brachen die Bälle auch gehorsam nach rechts aus. Lag die Flagge links, liefen auch die Bälle in diese Richtung.

Jack Nicklaus hatte gezeigt, was er am besten konnte – den Platz auf seine Weise zu analysieren und anschließend den Ball auf sein Kommando zu beeinflussen. Nie sah es so aus, als würde er je ein Grün verfehlen. Und wenn er mal mit seinem Eisen ein wenig dünn traf, landete er dennoch mitten auf dem Grün. Statt eines 1,50-Putts lochte er in einem solchen Fall einen Birdie-Putt aus gut sieben Meter Entfernung. Seine 64 war wirklich das Schlechteste, was er an diesem Tag erreichen konnte.

Wenn ich es mir recht überlege, so hat dieses Ereignis wesentlich dazu beigetragen, meinen Schwung umzustellen. Ich wollte einfach zu den besten Spielern der Welt gehören, und um dies zu erreichen, mußte ich einfach lernen, den Ball beliebig zu manövrieren. Diese Erfahrung müssen Golfer, die beabsichtigen, auf höchstem Niveau zu spielen, erst einmal entwickeln.

Manövrieren Sie Ihre Bälle – und vergrößern Sie so Ihren Fehler-Spielraum

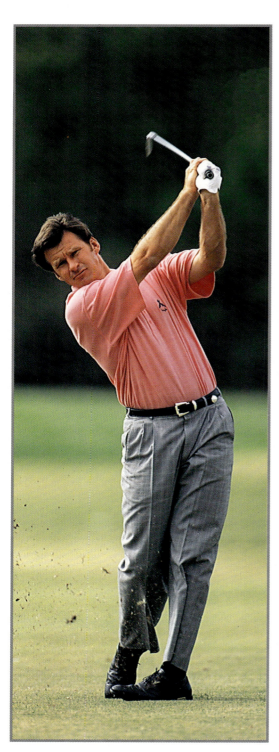

Häufig wurde ich von Leuten als „mechanischer" Spieler bezeichnet. Dabei haben sie nicht viel begriffen. Aufgrund der Fähigkeit, meinen Körper verläßlich und richtig zu drehen, kann ich die Flugbahn der Bälle mit geringstem Arm- und Handeinsatz im Treffmoment manipulieren. Dies ist kein mechanisches, sondern instinktives Golf.

Ich brauche wohl nicht zu erwähnen, daß es zu den fortgeschrittenen Techniken gehört, dem Ball Effet zu verleihen. Aber wenn Sie einmal zu dem Punkt gekommen sind, daß Ihr Schwung synchron abläuft, das heißt Armeinsatz und Körperdrehung (wie im dritten Kapitel beschrieben) stimmen, können Sie über den Treffmoment selbst nachdenken und die diversen Möglichkeiten ausprobieren, wie Sie den Schlägerkopf laufenlassen wollen.

Jeder Spieler hat eine ganz bestimmte Schlaggeometrie, sei es, daß er zum Fade oder zum Draw tendiert. Diese Tatsache sollte als Grundlage für Ihre Spielstrategie vom Abschlag zum Grün dienen. Nutzen Sie Ihre Stärken. Am besten, Sie versuchen sich genau vorzustellen, wie Ihr Ball fliegen soll, wobei Sie so schlagen sollten, wie es Ihnen am meisten entgegenkommt.

Ich selbst ziehe den Fade vor, der eine leichte Kurve von links nach rechts zieht. In der Luft weicht er etwa drei bis fünf Meter von der geraden Flugbahn ab. Jedenfalls fühle ich mich mit diesem Schlag am wohlsten, weshalb ich ihn auf dem Platz so häufig wie möglich einsetze. Leider geht mit dem ihnen eigenen Drall der Bälle die Rechnung nicht immer auf. Je mehr Fortschritte Sie machen, desto mehr wollen Sie die Flagge und nicht mehr nur das Grün attackieren. Erst dann werden Sie die Herausforderung spüren, die eine bewußte Beeinflussung des Balls mit sich bringt. Was Sie brauchen, ist die Fähigkeit, jeden Ball in jede gewünschte Richtung schlagen zu können, damit auch jede Flagge erreichbar wird.

Sollte die Flagge also auf der linken Seite des Grüns plaziert sein, so bemühe ich mich, die Mitte des Grüns mit einem Draw anzuspielen. Wenn aber die Flagge im vorderen rechten Viertel hinter einem Grün gesteckt ist, spiele ich einen Fade. In beiden Fällen ziele ich auf die Mitte und überlasse es dem Ball, selbst zum Loch zu rollen. Das ist das ganze Geheimnis, nicht anders, als es Jack Nicklaus mir vor Jahren vorspielte. Der clevere Schlag ist eigentlich übervorsichtig.

Bei Wind wird die Sache allerdings kompliziert. Stellen wir uns einen Schlag von rund 150 Meter vor – also im Bereich eines 5er oder 6er Eisens. Von rechts weht eine kräftige Brise, und die Fahne ist auf der rechten Seite des Grüns gesteckt. Die einzige Möglichkeit, den Ball in der

Nähe des Lochs zum Landen und Halten zu bringen, besteht darin, den Wind mit einem Gegeneffet zu neutralisieren – in diesem Fall mit einem Fade. Ich ziele also direkt auf die Flagge, wobei ich einen Dreiviertel-Schwung vollführe und versuche, die Schlagfläche so über den Ball zu ziehen, daß er einen sanften Drall von links nach rechts erhält. Zweifellos ein schwieriger Schlag, den aber ein guter Golfer lernen muß.

Ein Spieler, der lediglich in der Lage ist, von rechts nach links zu schlagen, würde in dieser Situation in große Schwierigkeiten geraten. Denn um sein Ziel zu erreichen, muß er nach rechts von der Fahne zielen und hoffen, daß der Wind den Ball zurücktreibt. Er hat also keinerlei Einfluß auf die Flugbahn. Wenn der Ball den höchsten Punkt erreicht hat, segelt er quasi mit Rückenwind aufs Grün. Es ist recht unwahrscheinlich, daß er dann zum Stehen kommt.

Die Fähigkeit, den Schlägerkopf zu spüren und dem Ball bewußt Drall zu geben – sei es nach links oder rechts –, eröffnet für das Spiel völlig neue Dimensionen. Genaugenommen erhöht es sogar den Spielraum für eventuelle Fehler. Überlegen Sie sich auf dem Abschlag Ihre Strategie. Wenn Ihr normaler Schlagverlauf ein Fade ist, sollten Sie am besten auf die linke Seite des Fairways zielen, damit der Ball letzten Endes auf der Mitte liegenbleibt.

Ein gutes Beispiel ist mein Ryder-Cup-Partner Colin Montgomerie. Auch er ist von Natur aus ein Links-nach-Rechts-Spieler, der auf die linke Seite zielt, damit der Ball letztlich auf Fairwaymitte landet. Fakt ist, daß er die Fairs besser trifft als die meisten anderen. Auch Ian Woosnam verfolgt diese Strategie, wobei er jedoch ein klassischer Rechts-nach-Links-Vertreter ist, er also einen Draw spielt. Weitere Hinweise zur Abschlagstrategie lesen Sie im sechsten Kapitel.

Indem man die Flugbahn beeinflußt, kann man auch leichter mit dem Druck fertigwerden. Häufig liege ich an einer Stelle, wo ich es mir einfach nicht erlauben kann, den Ball rechts bzw. links ausbrechen zu lassen. Durch die Flugbahn kann ich ganz bestimmte Lagen von vornherein ausschließen. Nehmen wir doch einfach den zweiten Schlag am 11. Loch in Augusta – das Tor zu „Amen Corner". Einen guten Drive vorausgesetzt, habe ich nun einen 160- bis 180-Meter-Schlag vor mir. Links vom Grün lauert das Wasser, rechts ist eine Menge Platz. Das letzte, was ich jetzt brauchen könnte, wäre ein Ball mit einem Spin von rechts nach links. Meine Annäherung muß also ein Fade sein, ein Schlag, der sich so viel wie möglich vom Hindernis wegbewegt.

Lassen Sie mich nachfolgend einige Techniken vorführen, wie ich üblicherweise die Flugbahn beeinflusse.

So bekommen Sie ein Gefühl für die Flugbahn – sei es, daß Sie sich bei einem Fade zurückhalten (linke Seite), sei es, daß Sie für einen Draw Körper und Schläger drehen (rechts).

Fortgeschrittene Technik
Der Fade – halten Sie den Schläger zurück

Die überwiegende Zahl meiner Schläge ist gefühlsbestimmt. Es spielt eigentlich keine Rolle, ob ich einen Fade oder Draw spielen muß. Während meiner stets gleichbleibend sorgfältigen Ansprechposition stelle ich mir die gewünschte Flugbahn vor und fühle in meinen Händen und Armen automatisch den gewünschten Spin, den ich im Treffmoment anstrebe.

Bei diesen Schlägen kommt es nur auf Ihre Empfindungen und Ihr Ballgefühl an. Von der Hälfte Ihres Abschwungs an bis zum entscheidenden Moment im Durchschwung beschwören Sie gewissermaßen die Formel herauf, die nötig ist, dem Ball den gewünschten Spin mit auf den Weg zu geben. Sie fühlen den Schlag schon vorher in den Unterarmen und Händen. Wie ich bereits erwähnte, ist mein natürlicher Schwungverlauf ein Fade. Dieser Schlag ist sicher und vollzieht in der Luft nur eine geringe Kurve. Sollte ich einen stärker betonten Spin von links nach rechts benötigen, etwa weil ich die Fluglinie gegen stärkeren Wind schützen muß, wende ich im Treffmoment die sogenannte „holding off"-Technik, also die Rückhaltetechnik, an. Das heißt, ich versuche alles, daß der vordere Teil des Schlägerblattes nicht wie üblich über die Sohle dreht. Beim Set-up für diesen Schlag konzentriere ich mich auf einen normalen Rückschwung, drehe mich recht energisch und versuche, die Stellung meines linken Armes durch den Treffmoment hindurch beizubehalten. Dieses nur angedeutete Schneiden des Balles reicht für einen Spin von links nach rechts völlig aus und sorgt dafür, daß der Ball fliegt und seine Linie zum Ziel in Form eines Fades beibehält.

Es dauert seine Zeit, bis man diese gefuhlsmäßigen Schläge wirklich beherrscht, kann aber dann raus auf den Platz gehen und sehen, wozu man mit dem Ball in

Denken Sie daran, daß Sie bei der Flugbahn von links nach rechts etwas an Weite verlieren. Besser also ist es, einen Schläger mehr zu nehmen.

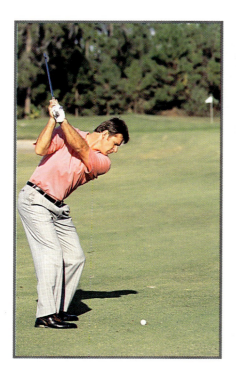

der Lage ist. Drehen Sie Ihren linken Unterarm und bringen Ihre Handgelenke während des Rückschwungs in Stellung, behalten Sie dann die Position des linken Armes bei und versuchen, das Schlägerblatt im Treffmoment stabil zu lassen. Wonach Sie streben sollten ist, daß sich Ihre Hüften und Schultern im Treffmoment schneller drehen als der Schlägerkopf, so daß Ihre Arme nur noch der Bewegung durch den Ball folgen und die Schlagfläche über den Ball ziehen müssen. Manchmal stelle ich mir vor, auf dem Schlägerblatt befinde sich ein Stückchen Schmirgelpapier, mit dem man hart an der Oberfläche des Balls entlangschleift.

Hilfreich dürfte auch die Anregung sein, den Schläger mit der linken Hand etwas fester zu greifen. Das ist bei einem Schlag von links nach rechts immer sinnvoll, weil dadurch ein festes linkes Handgelenk im Treffmoment gefördert wird.

Charakteristisch für diese Technik ist die Durchschwungposition, insbesondere die Stellung des linken Armes. Ich selbst nenne diese Position die „Flügelstellung". Auf den Fotos können Sie genau erkennen, wie sehr mein linker Ellenbogen nach oben strebt, während meine Hände und Arme den Schlägerkopf durch den Treffmoment hindurchführen. Je nachdem, wie sehr ich das freie Fliegenlassen des Schlägerkopfes zurückhalte, kann ich den Ball bis zu sieben Meter durch die Luft befördern, das ist fast die Hälfte eines Gründurchmessers.

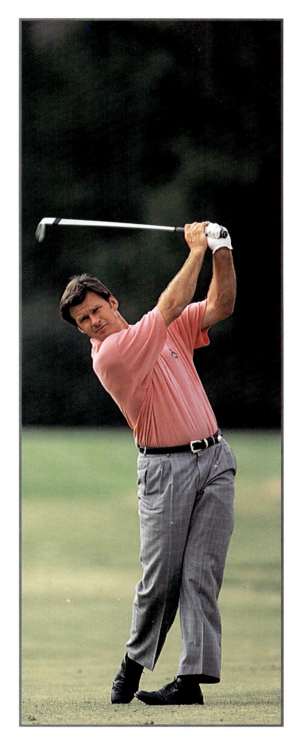

Diese „Flügelstellung" war Ursache für einen der wichtigsten Schläge während der Open 1992 in Muirfield. Nach einem guten Drive am 15. Loch lag ich nur noch etwa 150 Meter von der Flagge entfernt. Gegen böigen Wind peitschte ich ein niedriges 5er Eisen in Richtung Flagge, und tatsächlich landete der Ball 4,5 Meter links von ihr.

Es klappte, wie ich es mir vorgenommen hatte. Fast mit Gewalt hielt der Ball seine Linie und landete genau auf dem Punkt, den ich beabsichtigt hatte und rollte dann bis 1,50 Meter ans Loch heran.

Der Draw – drehen und zurückstrecken

Auch diesen Schlag beeinflusse ich nicht etwa durch eine bewußte Veränderung meiner Ansprechposition, sondern ausschließlich durch den Einsatz meiner Hände und Unterarme. Der sogenannte Draw beschreibt in der Luft eine Kurve von rechts nach links. Diese erreiche ich, indem ich meinen linken Unterarm ganz normal mit einer Drehung vom Ball wegführe, dann aber im Treffmoment versuche, den Arm in die entgegengesetzte Richtung zu bewegen, so daß die Schlägerfläche über den Ball dreht und so einen Spin von rechts nach links verursacht.

Sicher, dies klingt alles sehr kompliziert, aber wenn Sie die Draw-Bildserie mit den Aufnahmen des Fades vergleichen, werden die Unterschiede recht deutlich. Um diesen Spin von rechts nach links bewußt einsetzen zu können, müssen Sie Ihren rechten Unterarm über den linken ziehen, damit ein runderer Auftreffwinkel entsteht. Versuchen Sie, dies zu spüren, wenn Sie Arme und Hände wieder strecken. Die Schlägerspitze soll sich über die Sohle drehen, damit sich das Schlägerblatt quasi selbst um den Ball wickelt.

Lassen Sie mich dies mit einem visuellen Schwungbild noch weiter vereinfachen. Stellen Sie sich die Schlagfläche als Tor vor, das Sie während des Schwungs öffnen und schließen sollen. Beim Set-up für den Draw sollten Sie versuchen, Ihren linken Unterarm im beginnenden Rückschwung in der Weise zu drehen, daß sich das Schlägerblatt (Tor) öffnet. Danach müssen Sie Ihren linken Unterarm wieder zurückdrehen und das Tor im Treffmoment wieder schließen.

Die Drehbewegung meines Körpers bestimmt den Rhythmus des Schwungs. Arme und Hände sind so frei, daß sie den Winkel der Schlägerfläche im Treffmoment beeinflussen.

Jedes Foto erzählt seine eigene Geschichte. Wenn ich einen Fade spiele, dann paßt das leicht zurückgenommene Finish zu meiner Absicht, den Ball zu schneiden und ihm Drall von links nach rechts zu geben. Im Vergleich dazu steht die vollendete und flachere Endposition, die das Ergebnis der Absicht ist, das Schlägerblatt über den Ball zu rollen und so einen Spin von rechts nach links zu produzieren.

Bei vielen Golfern spielt die Körpersprache eine große Rolle, wenn man die Flugbahn bewußt beeinflussen will. In der Tat muß man sehr genau wissen, wie Durchschwungposition und die Beherrschung verschiedener Schlagtypen voneinander abhängig sind. Die Prinzipien kann man auch recht gut verstehen, wenn man sich einen Tennisspieler bei diesem Schlag vorstellt. Nehmen wir den Fade: Stellen Sie sich vor, Sie halten einen Tennisschläger in Händen und ziehen die Saiten so über den Ball, daß ein Spin von links nach rechts entsteht. Versuchen Sie, das Strecken der Handgelenke bewußt zu spüren, während Sie damit einen defensiven Schlag auslösen.

Der Draw hingegen ist mehr als ein aggressiver Top-Spin Drive.

Schließen Sie den Schläger leicht über dem Ball, und versuchen Sie, zu spüren, wie Ihr rechter Unterarm im Treffmoment leicht über den linken dominiert. Nutzen Sie diese eben genannten Bilder, um Ihre Vorstellungen der Fluggesetze zu vereinfachen. Sie werden sehen – Ihre Fähigkeiten und Ihr Selbstvertrauen wachsen auf der Driving Range.

Eine einfachere Technik – ein Spin durch die Ansprechposition

Es gibt zwei Möglichkeiten, wie man die Flugbahn des Balls beeinflussen kann. Einerseits setze ich ganz bewußt den Spin ein, um die Windeinwirkung zu neutralisieren, andererseits, um den Schlag auf eine bestimmte Bahn zu bringen. Dieses Gefühl überkommt mich dann, wenn ich meine, ich müßte aus strategischen Gründen angreifen und dabei den Ball eine Kurve beschreiben lassen. Manchmal jedoch hat man gar keine Wahl, weil es gilt, ein Hindernis zu umspielen. Dies ist der andere Aspekt dieses Kapitels. Damit Sie als Golfer mit allen Situationen fertigwerden können, müssen Sie in der Lage sein, Ihre Schläge um alle möglichen Hindernisse, wie Bäume und Hügel, herumzuschlagen. Dazu rate ich zu einer Grundtechnik, die Ihnen hilft, Fade und Draw bewußt einzusetzen und die ich schon als junger Spieler lernte. Sie ist ganz einfach, denn alles beruht auf Ihrer Ausrichtung.

Von links nach rechts

Lassen Sie uns mit dem Fade beginnen. Um dem Ball einen Spin von links nach rechts mit auf den Weg zu geben, sollten Sie die Führungskante des Schläger-

blattes aufs anvisierte Ziel ausrichten. Danach sollten Sie sich so hinstellen, daß Ihre Hüften, Knie und Schultern zum Ziel hin etwas geöffnet sind. Spielen Sie den Ball etwas mehr zum linken Fuß hin, und verteilen Sie Ihr Gewicht auf beide Beine.

Nun kommt der einfachste Teil: Nachdem Sie Ihre Ausrichtung in der erforderlichen Weise modifiziert haben, müssen Sie lediglich einen ganz normalen Schwung durchführen. Es ist wie Golfspielen am Computer – erst wählen Sie die richtige Stellung der Schlägerfläche, dann richten Sie Ihren Körper aus, bevor Sie auf den Auslöser drücken. Indem Sie Schlägerfläche und Schwungbahn bestimmt haben, haben Sie auch die Voraussetzungen geschaffen, die für den Spin des Balles erforderlich sind. Wie Sie auf den Bildern sehen, schlage ich den Ball mit meinem 5er Eisen. Zunächst wird der Ball entlang der Linie meiner Körperausrichtung fliegen und dreht in einer leichten Rechtskurve ab. Wenn es erforderlich wäre, diese Kurve noch mehr zu betonen, müßte ich lediglich meinen Stand noch weiter öffnen, wobei sich der „Spinfaktor" ebenfalls erhöht. Mein Schwung wäre von vornherein darauf programmiert, verstärkt durch den Ball zu schneiden. Beim Trainieren werden Sie feststellen, daß es mit allen Schlägern, die kürzer sind als ein Eisen 7, sehr schwierig ist, die Ballkurve in dieser Weise zu beeinflussen.

Von rechts nach links

Nehmen Sie bei Ihrer Ansprechposition die gegenteiligen Anpassungen vor, wenn Sie einen Draw von rechts nach links spielen wollen. Wieder richten Sie Ihren Schläger zum Ziel aus, doch dieses Mal nehmen Sie eine geschlossene Haltung ein. Eine über Ihre Schulter verlaufende Linie sollte der Richtung entsprechen, die der Ball zunächst nehmen soll. In dieser Stellung sollte Ihr Schwunggedanke sein, das Schlägerblatt im Treffmoment über den Ball zu drehen. Versuchen Sie, die Spitze des Schlägers über die Sohle rollen zu lassen, schließen Sie sozusagen das Tor über dem Ball. Lassen Sie Ihre rechte Körperseite im Durchschwung frei nach links drehen, und verfolgen Sie den Ball gewissermaßen mit der rechten Schulter bis in ein flaches Finish hinein. Ihre Hände sollten sich zum Schluß in einer niedrigen und bequemen Endstellung hinter Ihrem Nacken befinden.

Die Mechanismen beim Draw bedingen, daß der Loft eines Schlägers automatisch reduziert wird. Es ist ganz normal, daß der Ball niedriger fliegt und auch länger ausrollt. Nehmen Sie ruhig einen Schläger weniger, und zielen Sie auf den Grünanfang. In der Regel fällt Rechtshändern der Schlag von rechts nach links leichter als der Fade. Mit zunehmender Sicherheit können Sie dieses Drallausgleichsprinzip in der Weise ausreizen, bis Sie in der Lage sind, einen niedrigen Hook zu schlagen. Im Beispiel unten habe ich meine Ansprechposition so ausgerichtet, daß ich den Ball um

den Baum an der Ecke des Doglegs herumziehen kann. Während ich mit dem Schlägerblatt das Ziel angepeilt habe, nimmt mein Körper eine Stellung ein, die zu dieser Linie fast 40 Grad geschlossen ist. Der runde Schwung aktiviert meine Hände im Treffmoment, und durch das Überrollen des Schlagfläche startet der Ball mit soviel Spin nach rechts, daß sein Kurvenverlauf so krumm wie eine Banane ist.

Training ist die einzige Möglichkeit, sich bei diesen Schlägen auf dem Platz wohlzufühlen. Wenn es irgendwo die Chance gibt, im Training Bälle rund um ein Hindernis zu schlagen, umso besser. Nehmen Sie ein mittleres Eisen, und ziehen Sie die Bälle mit einem Fade rund um den Baum. Danach versuchen Sie es auf der anderen Seite. Fordern Sie Ihre Fähigkeiten heraus. Aus Fehlern zu lernen, ist ganz allgemein gut fürs Spiel. Schnell werden Sie dadurch ein besseres Gefühl für den Schlägerkopf bekommen. Experimentieren Sie ruhig auch mit der Ballposition, denn sie hat einen entscheidenden Einfluß auf Form und Flugbahn Ihrer Schläge. Weiter vorne sorgt sie für Höhe und Spin, weiter hinten für einen kräftigen und niedrigen Flug.

108 • EIN SCHWUNG FÜRS LEBEN

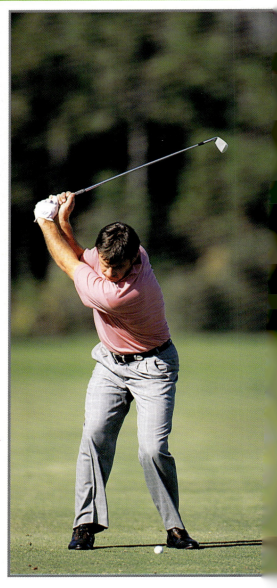

Ziehen Sie den Ball hoch...

Kommen wir nun zu hohen beziehungsweise niedrigen Schlägen. Nehmen wir einmal an, Sie müßten eine Entfernung von 130 Meter überwinden, der direkte Weg zum Grün ist jedoch durch einen großen Baum versperrt. Weiterhin gibt es keine Möglichkeit, den Baum zu umspielen, von der Möglichkeit einmal abgesehen, einen Weg durch die Zweige zu finden. Also – Sie müssen darüber hinweg. Normalerweise wäre der Schläger der Wahl ein Eisen 9. Ich würde jedoch ein 8er Eisen empfehlen und im Verhältnis zur Standposition recht weit vorne aufteen. Wie Sie auf den Bildern oben erkennen können, ist mein Stand zum Ziel hin geöffnet. Mit dem Schwerpunkt auf die Aufwärtsbewegung im Treffmoment, verlagere ich den größten Teil meines Gewichtes auf die rechte Seite und versuche, mich selbst zu ermahnen, leicht und entspannt zu greifen. Damit will ich erreichen, daß meine Hände und Arme verhältnismäßig aktiv und frei durch

BEEINFLUSSUNG DES BALLS • 109

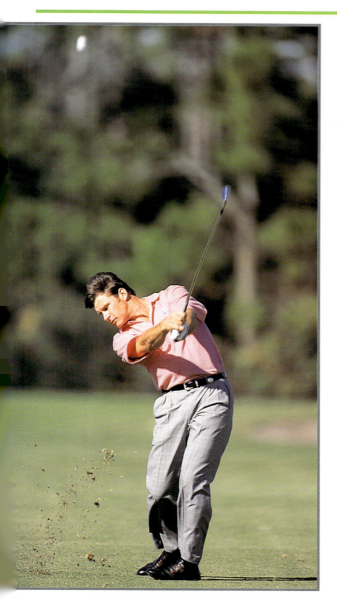
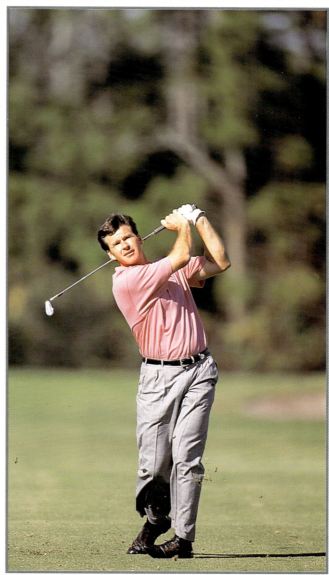

den Treffmoment hindurch beschleunigen. Nicht zuletzt deshalb ist der Griffdruck sehr wichtig. Diese Anpassungen erhöhen die Neigung der Schlägerfäche und geben mir das Gefühl, hinter dem Schlag zu stehen. Wenn ich spielbereit bin, vollziehe ich einen vollen Schwung und achte darauf, die Schlägerfläche sauber zum Ball zu führen. Im Treffmoment hieve ich den Ball hoch in die Luft, wobei er einen leichten Spin von links nach rechts beschreibt. Die hohe Handposition im Finish ist ein Beweis für meine Bemühungen, den Ball hoch zu schlagen.
Häufig versuche ich beim Training herauszufinden, wie hoch ich mit welchem Eisen den Ball befördern kann. Es ist wichtig, daß auch Sie wissen, welche Sicherheitsschläge Sie durchführen können. Nehmen Sie ruhig einen Korb voller Bälle und üben Sie, wenn möglich, in der Nähe eines Baumes.

...und punchen Sie ihn niedrig

Für viele Amateure ist der niedrige Punch-Schlag der schwierigere der beiden Extreme. Das Problem liegt meiner Meinung nach darin, den Ball zu weit vom rechten Fuß zu spielen, was einen steilen Schwung verursacht. Häufig sehe ich Spieler mit einem langen Eisen – sagen wir ein 3er oder 4er – , die den Ball gegenüber der rechten Hacke aufteen und dann beim Schlagen ihre Hände nach vorne pushen. Das 3er Eisen sieht in einem solchen Fall eher aus wie ein Eisen 1. Der Schlag ist gescheitert, noch bevor sie mit dem Schwung beginnen.
Entscheidend ist also als erstes die Schlägerwahl. Egal, wie dramatisch die Situation auch sein mag, nehme ich nie weniger als ein 4er oder 5er Eisen. Allein durch meine Ansprechposition – wobei sich der Ball in der Mitte zwischen meinen Füßen befindet – sowie die leicht nach vorne geneigten Hände, reduziere ich den Loft des Schlägers. Um das Gefühl und die Ballkontrolle noch zu erhöhen, greife ich den Schläger etwas tiefer. Mein Gewicht lastet mehr auf der linken Seite.
Wenn ich dann eine bequeme Ansprechposition eingenommen habe, konzentriere ich mich darauf, meinen linken Unterarm im beginnenden Rückschwung wegzudrehen und abzuwinkeln. So kann ich verhindern, daß mein Schwung zu

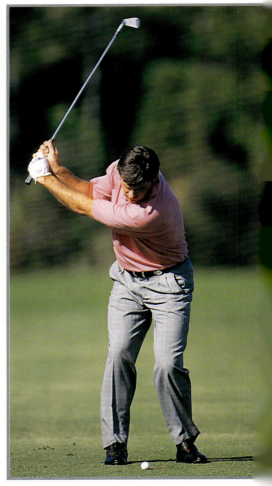

steil wird. Dann achte ich auf einen guten Rhythmus in der Übergangsphase vom Rück- zum Abschwung und schlage nach unten und durch den Ball hindurch. Während ich den Körper zum Ziel drehe, bleibt meine linke Seite fest, und die Arme schwingen den Schlägerkopf in die Rückseite des Balls.

Jedesmal wenn Sie einen niedrigen Punch-Schlag spielen wollen, muß sich der Körper aus dem Weg drehen, bevor die Hände und Arme den Schlägerkopf durch den Ball schwingen. Dadurch wird der natürliche Loft reduziert, und der Ball fliegt flach. Der relativ niedrige und begrenzte Durchschwung ist Ausdruck Ihrer Absicht, den Ball flach vorwärts zu treiben.

Nehmen Sie ein Eisen 5, und stellen Sie fest, wie sich der Ball verhält, wenn Sie ihn zuerst aus der Mitte des Standes und dann progressiv immer weiter zum rechten Fuß hin spielen. Legen Sie von Anfang an fest, welche Position Sie im Treffmoment einnehmen wollen. Machen Sie dann einen Dreiviertel-Schwung bei gedrosseltem Tempo. Auch diese Bälle sollten Sie nie zu hart schlagen. Im Gegenteil, seien Sie im Durchschwung so „sanft" wie eben möglich. Wenn man zu aggressiv schlägt, erhält der Ball Backspin, der alle Bemühungen wieder zunichte macht.

Der relativ niedrige Durchschwung sagt eigentlich alles. Angesichts der Stellung läßt sich erkennen, daß ein hoher Schlag erfolgt ist. Beachten Sie, daß Sie mit Ihrem Körpereinsatz sowohl Flugbahn als auch -höhe beeinflussen.

So kontrollieren Sie Ihr Spiel bei Wind

Schon immer habe ich traditionelle Links-Plätze genossen. Ich liebe einfach die Herausforderung, den Ball bei dauernd wechselnden Seewinden unter Kontrolle zu haben. Es ist irgendwie die wahre Prüfung, wie man Schläger und Spielstrategie im Griff hat.

Unter normalen Bedingungen schaffe ich mit meinem 7er Eisen eine Distanz von rund 140 Meter. Auf einem Linkscourse dagegen benötige ich schon bei moderaten Winden ein Eisen 5. Die Auswirkungen, die der Wind auf Schlagweite und Flugbahn hat, erstaunen mich immer wieder. Die eigenen Längen werden plötzlich irrelevant.

Meiner Meinung nach kontrollieren Sie Ihr Spiel bei Wind am besten, wenn Sie Ihren Stolz beiseite schieben und sich gedanklich disziplinieren. Sie müssen die äußeren Bedingungen einfach akzeptieren. Seien Sie also realistisch. Bei einem durchschnittlichen Par-72-Platz, den Sie normalerweise mit einem Score in den 80ern bewältigen würden, könnte Ihr persönliches Par bei widrigen Umständen eher um die 90 liegen. Wenn Sie auf diese Weise Ihre Gedanken den Umständen angepaßt haben, werden Sie nicht nur Ihr Spiel viel mehr genießen, sondern Sie werden vermutlich auch viel besser scoren. Schließlich beeinträchtigt der Wind nicht nur Ihr Spiel.

Soweit es die Schlagstrategie betrifft, heißt meine erste Grundregel, einen Schläger mehr zu nehmen und gleichbleibend locker zu schwingen. Ein Prinzip, das Sie sich aneignen sollten. Ich habe darüber schon im 4. Kapitel geschrieben, und die Einstellung, daß „weniger mehr ist" ist der wirkliche Schlüssel beim Spiel vom Abschlag zum Grün. Wenn Sie Ihren Schläger weich einsetzen, treffen Sie den Ball besser, und er beschreibt eine niedrigere und somit durchdringendere Flugbahn. Auf diese Weise minimieren Sie die Windeffekte.

Auf jeden Fall sollten Sie die Tendenz vermeiden, bei Wind Ihren Schwung zu beschleunigen. Ihre moralische Verfassung ist an einem Tag mit schlechten Wetterverhältnissen leichter verletzbar, weshalb Sie einen guten Rhythmus und Gleichgewicht beibehalten sollten. Üblicherweise konzentriere ich mich beim Durchschwung auf eine sichere Standposition – egal, mit welchem Schläger ich spiele –, wodurch mein Bewegungsablauf stabilisiert wird. Also nochmals: Ein gutes Gleichgewicht ist absolut wichtig.

Greifen Sie ruhig das Grün an, denn bei Gegenwind verstärkt sich der Backspineffekt, so daß der Ball viel schneller stehenbleibt. Zielen Sie beim Pitchen deshalb auf die Flaggenspitze, während Sie beim Putten ruhig mutig sein sollten. Ganz anders bei Rückenwind, der nicht ganz so heikel ist. Aber auch hier sollten Sie sich über Ihre Strategie im klaren sein. Am meisten profitiert freilich Ihr Abschlag. Schon mit einem Holz 3 fliegt der Ball so weit – wenn nicht weiter – wie ein gutgetroffener Drive. Der Ball bleibt einfach in der Luft hängen.

Doch denken Sie daran: Bei Rückenwind landen Sie an Stellen, die Sie normalerweise nicht erreichen würden. Vor allem auf Linksplätzen kommen die Hindernisse meist in einer Reichweite von 220 bis 250 Meter ins Spiel.

Bei extremen Winden nehme ich sicherheitshalber nur ein 3er oder 4er Eisen und nutze bei solchen Verhältnissen häufiger den Strokesaver, um mich darüber zu vergewissern, wo der Ball sicher landen kann. Sie müssen immer versuchen, einen Schritt im voraus zu denken. Bei einem durchschnittlichen Par-4-Loch mag es mitunter angebracht sein, dem Grün nicht mit dem ersten Schlag zu nahe zu kommen. Das 1. Loch in St. Andrews ist ein gutes Beispiel für diese Art Spielstrategie. Obwohl das Fairway weitläufig ist, plazieren die meisten

Spieler lieber ihren Ball etwas kürzer, als sie eigentlich könnten. Für sie ist es sicherer, mit einem vollen Schlag das vor ihnen liegende Hindernis zu überwinden und das Grün direkt anzuspielen.

Bei Rückenwind ist es zudem sehr schwierig, den Ball auf dem Grün zum Stoppen zu bringen. Egal, wieviel Backspin Sie dem Ball mit auf den Weg geben, der Wind sorgt dafür, daß er seine Wirkung verfehlt. Spielen Sie also lieber den Grünrand an oder bleiben sogar davor. Nutzen Sie die natürlichen Hügel und Geländeformen, um den Ball zu steuern. Es gibt eigentlich keine Regeln, wohin Sie den Ball plazieren sollten, schon gar nicht auf einem Linkscourse. Deshalb empfehle ich, den Zielbereich auszudehnen. Normalerweise kann ich einen Pitch im Umkreis von sechs Meter an die gewünschte Stelle schlagen. Bei Wind kann sich dieser Durchmesser glatt verdoppeln.

Den Ball bei Seitenwinden richtig zu dosieren, ist ausschließlich eine Frage der Übung. Erwarten Sie nicht zu viel und auch nicht zu schnell. Wer mit Drall dem Ball eine bestimmte Flugbahn verleihen will, muß diese fortgeschrittene Technik beherrschen. Bis dahin müssen Sie den Wind einkalkulieren.

Vom Abschlag aus oder auch auf dem Fairway müssen Sie bei Seitenwinden nach links oder rechts zielen und sich auf ein bestimmtes Ziel konzentrieren. Dies kann irgendein Gegenstand in der Ferne sein, der Ihnen hilft, auf dieser Linie zu schwingen und den Schläger frei fliegen zu lassen. Konzentrieren Sie sich also auf den Schlag, und überlassen Sie dem Wind den Rest. Vergessen Sie nicht, daß ein Ball mit Rückenwind wesentlich weiter fliegt als normalerweise und zudem noch rollt. Überlegen Sie also gut, welchen Schläger Sie aus der Tasche ziehen.

6
Meine Drive-Strategie

*Wir alle haben die Hoffnung,
vom Abschlag noch ein paar Meter weiter zu kommen.
Dabei ist die Hauptsache,
den Ball richtig auf dem Fairway zu plazieren.*

Vor ein paar Jahren hatte ich die große Ehre, Ben Hogan, eine der größten Legenden des Golfsports, zu treffen. Es war in Shady Oaks in Texas, Hogans Heimatclub. Seine Ansichten über jeden einzelnen Aspekt des Spiels und seine durch und durch schlüssige Philosophie bezüglich des Drives sind die richtige Einführung in dieses Kapitel.

Für Hogan war es am wichtigsten, den Ball auf eine ganz bestimmte Stelle des Fairways zu plazieren. Er maß seine Drives nicht in Meter, sondern in der Qualität der Lage. Wenn zum Beispiel bei einem Dogleg sich die linke Seite anbot, weil man von dort die beste Sicht aufs Grün hatte, dann war dies auch die Stelle, wo er den Ball plaziert sehen wollte. Jeder Schlag war eine persönliche Herausforderung.

Die Länge vom Abschlag aus war zwar manchmal ein Faktor, selten jedoch ein Problem. Wie jeder gute Spieler wußte Hogan zu genau, wie und wann er kraftmäßig aufdrehen mußte. Angesichts eines langen Par 4 oder eines erreichbaren 5er Lochs rechtfertigte der mögliche Lohn das unausweichliche Risiko. Ansonsten legte er viel mehr Wert auf Sicherheit, weil er damit besser das Grün erreichen konnte.

Die richtige Platzeinteilung gepaart mit gesundem Menschenverstand sollte die Grundlage Ihrer Drive-Strategie bilden. Hogan vermittelte mir den in meinen Augen gültigen Schlüssel für niedrige Scores: Denken Sie nicht daran, wie weit, sondern wie und wo Sie den Ball auf dem Fairway plazieren. Dies ist nicht etwa defensives, sondern vielmehr intelligentes Golf.

Spielen Sie nach Plan

Profispieler und Amateure unterscheiden sich häufig dadurch, daß Profis viel häufiger einen Strokesaver oder persönliche Notizen mit den zu spielenden Entfernungen einsetzen, um auf jedem Loch die ideale Route zum Grün herauszufinden. Im 10. Kapitel gehe ich darauf noch einmal genauer ein. Die Strategie, die Sie vom Abschlag aus verfolgen müssen, ist der wichtigste Aspekt Ihres Spielplans. Zunächst sollten Sie sich eine Skizze vom Platz anfertigen, in der alle Gefahrenpunkte und auch die sicheren Bereiche markiert sind. Gibt es zum Beispiel Fairwaybunker im Drivebereich, wäre es möglicherweise sinnvoller, ein 3er Holz zu nehmen und auf dem Fairway zu bleiben. Bei einem Begrenzungszaun oder anderen Hindernissen sollten Sie vielleicht sogar lieber mit einem langen Eisen spielen. Markieren Sie mit einem Stift die ideale Linie.

Denken Sie darüber nach, was Ben Hogan einmal sagte: Von welcher Seite des Loches aus hat man die Möglichkeit, das Grün am einfachsten anzuspielen? Schließen Sie erst die langen 4er oder 5er Eisen aus, bevor Sie sich dazu entscheiden, den Driver auszupacken. Auf ihn würde ich immer verzichten, wenn mir als zweiter Schlag nichts weiter als ein Eisen 6 statt eines Eisens 5 bliebe. Sobald Sie Ihren Schwung unter Druck setzen, erhöhen Sie nicht nur das Risiko mißglückter Schläge, sondern verlieren auch noch die Kontrolle, wenn Ihr Ball im Rough landet. Es ist nicht gerade ein Zeichen von Cleverneß, wenn man die Mitspieler fragt, mit welchem Eisen Sie zum Beispiel das lange 13. Loch spielen sollen, um dann einen Schläger darunterzubleiben. Sie haben eine Tasche voll mit Schlägern, und Sie brauchen nichts weiter tun, als sie zu nutzen.

Andererseits, wenn Sie glauben, Sie könnten auf einem Par-5-Loch das Grün in zwei Schlägen erreichen, und die Hindernisse halten sich in Grenzen, dann lohnt sich der Versuch. Das 15. Loch in Augusta ist ein passendes Beispiel dafür. An diesem 457 Meter langen Loch versuche ich immer, einen möglichst langen Drive zu schlagen. Wenn mir dieser gelingt, dann habe ich mit einem Eisen die Chance, mit dem zweiten Schlag auf dem Grün zu liegen. Wenn es nicht ganz klappt, so befinde ich mich immerhin in Pitch-und-Putt-Entfernung. Auf keinen Fall habe ich etwas verloren.

Im Vergleich dazu ist das 15. in Harbour Town das klassische Loch, für das man drei lange Schläge benötigt. Nicht umsonst gilt es als eines der schwierigsten Par-5-Löcher Amerikas. Das von Bäumen gesäumte Fairway ist so eng, daß es keinen Spielraum gibt. Nicht einmal im Landebereich öffnet sich das Fairway, wobei das Grün immer noch zwei satte Schläge entfernt liegt. Deshalb ist man gezwungen, vom Abschlag aus einen taktischen Schlag vorzulegen, zum Beispiel – je nach Windverhältnissen – mit einem 3er Holz oder einem Eisen 1. Danach muß ich mit einem mittleren Eisen auf die rechte Seite des Fairways zielen, um mit dem dritten Schlag das Grün bequem zu erreichen.

Der Wind ist freilich ein weiterer Faktor, den man in Zusammenhang mit Hindernissen und dem Layout des Loches in Betracht ziehen muß. Wenn dieser zum Beispiel von links bläst und auch die Hindernisse sich auf derselben Seite befinden, haben Sie Glück gehabt. Indem Sie den Wind als Sicherheitspolster einsetzen, zielen Sie nach links und müssen nur abwarten, daß durch ihn der Ball aufs Fairway abgedriftet wird. Ganz anders ist die Lage, wenn der Wind von rechts kommt und die linke Seite beispielsweise von einem Wasserhindernis flankiert wird. Unter diesen Umständen würde ich versuchen, den Ball möglichst weit in den Wind hineinzudrehen und einen sanften Fade zu spielen. Dabei ziele ich auf den Punkt, an dem der Ball schließlich landen soll. Es kommt natürlich auch darauf an, wieviel Selbstvertrauen Sie haben. Bei stärkeren Windverhältnissen – 25 km/h und mehr – sollten Sie Ihre Strategie überdenken.

Nur mit Erfahrung lernen Sie, damit umzugehen. Niemals sollten Sie den Windeinfluß unterschätzen. So kann ein ganz normaler Schlag, der mit einer Bö quasi mitgenommen wird, gut 30 bis 40 Meter weiter fliegen als normalerweise. Schon mit einem Holz 3 kann man größere Weiten erzielen als mit einem Driver. Deshalb denken Sie daran: Wenn Sie in den Wind spielen, wird sich ein eventueller Spin um ein Vielfaches auswirken. Aus einem leichten Fade wird allzu schnell ein häßlicher Slice; ein eigentlich kontrollierter Draw wird plötzlich zum Hook. Deshalb denken Sie bei Wind an folgende Formel: Schwingen Sie locker, reduzieren Sie den Spin auf ein Minimum, und lassen Sie den Ball niedrig fliegen.

Nachdem wir nun die Sicherheitsaspekte besprochen haben, wenden wir uns dem eigentlichen Schwung zu.

Unterwerfen Sie sich nicht dem Diktat der Weite. Machen Sie sich einen Plan, wie Sie den Ball aufs Grün befördern. So sind Sie für jedermann ein guter Gegner.

Der Schwung mit dem Driver – eine Frage des Timings

Der berühmte Sam Snead hat einmal gesagt, man solle „so locker sein wie eine Gans". In der Tat hatte er einen der schönsten und kraftvollsten Schwünge, den es je gab. „Slammin' Sam" lockerte seinen Griff und peitschte seinen Schläger durch den Ball. Wie jeder erfolgreiche Sportler wußte er zu genau, wie er das Maximum aus seinem Körper herausholen konnte. Ernie Els erinnert mich irgendwie an Sam Snead. Er hat einen ähnlich lässigen und perfekt synchronisierten Schwung, der den Ball gewissermaßen auf eine Umlaufbahn zu schießen scheint. Das ist nur mit perfektem Timing zu erzielen. So ist er in der Lage, den Ball ganz locker über 250 Meter zu schlagen. Und, wie aus heiterem Himmel, aktiviert er weitere Kräfte und schlägt seinen Drive auch über 270 Meter.
Auch Ian Woosnam besitzt die Fähigkeit, mit scheinbar geringem Einsatz fantastische Bälle zu spielen. Er erzielt diese Zentrifugalkraft durch eine ausgeprägte Schulterdrehung.
Eine der effektivsten Möglichkeiten, Ihren Körpereinsatz zu stärken, besteht

Verstand statt Kraft: Es spielt keine Rolle, wie groß und stark Sie sind. Physische Kraft ist keinen Pfifferling wert, wenn Sie nicht wissen, wie Sie sie richtig einsetzen sollen.

MEINE DRIVE-STRATEGIE • 119

darin, daß Sie mit einem Driver bis auf Taillenhöhe ausholen, um dann den Schlägerkopf im Baseballstil zu „wischen". Versuchen Sie dabei zu spüren, wie sich Ihre Schultern voll auf- und wieder zurückdrehen. Erzeugen Sie mit dem Schlägerkopf im Treffmoment ein Pfeifgeräusch, und versuchen Sie, dieses auch beim normalen Schwung zu wiederholen. Das Schöne an dieser Übung ist, daß sie damit Stück für Stück die Beschleunigung aufbaut.

Alle diejenigen, die den Drive besonders gut beherrschen, nehmen sich Zeit, durch eine gelassene Körperdrehung eine möglichst große „Federspannung" zu erzeugen. Jack Nicklaus hat immer wieder betont, daß jedesmal, wenn er einen besonders wichtigen Drive schlagen mußte, er sich zumindest gefühlsmäßig besonders langsam vom Ball wegbewegte. Er wollte damit hauptsächlich sichergehen, seinen Muskeln ausreichend Zeit zu geben, sich auf die kommende Belastung einzustellen. Ich mag diesen Gedanken. Wenn ich besonders weit schlagen will, dann habe ich das Schlagwort „langsam und abspulen" im Kopf. Das hilft mir, meinen Rhythmus beizubehalten. Dabei versuche ich nicht, den Schläger härter, sondern besser zu schwingen.

Stretching – aufdrehen und frei fliegen lassen

Eine der für mich entscheidenden Übungen der letzten Jahre war, eine Art Widerstand in meinem Schwung aufzubauen und auch beizubehalten. Ähnlich wie beim Aufziehen einer Feder, nutzen Sie auch mit dem Dreheinsatz Ihren Körper, um die Zentrifugalkraft überhaupt möglich zu machen, die, von Armen und Schlägerschaft multipliziert, in Schlägerkopfgeschwindigkeit umgesetzt wird. Wenn ich den Driver in Händen halte, dann fühle ich ganz deutlich, wie ich die Muskeln in meinem Oberkörper dehne, während ich gleichzeitig mit Knie und Hüften versuche, der Drehbewegung meines Rumpfes einen Widerstand entgegenzusetzen. Nur so kann ich mich vollständig aufdrehen. Die erste Bewegung im Abschwung – häufig „power-move" genannt – ist letzten Endes nur das

Ergebnis einer Kettenreaktion. Mein Gewicht verlagert sich auf die linke Seite, kurz bevor meine Arme den Rückschwung vollendet haben, um dann den „Rückwärtsgang" einzulegen und den Abschwung zu beginnen. Ich stelle mir dabei einfach vor, daß die Schultern mir den Weg weisen. Im Rückschwung zieht die linke Schulter an meiner linken Hüfte und am linken Knie – bis mein Körper voll aufgedreht ist. Sobald sich mein Gewicht verlagert hat, ist es wieder die linke Schulter, die sich zum Ziel hin dreht und dabei an der linken Hüfte zieht. In dem Moment, in dem meine ganze linke Körperhälfte quasi aus dem Weg ist, kann ich meine rechte Hälfte vollständig in die Bewegung durch den Ball hineinlegen.

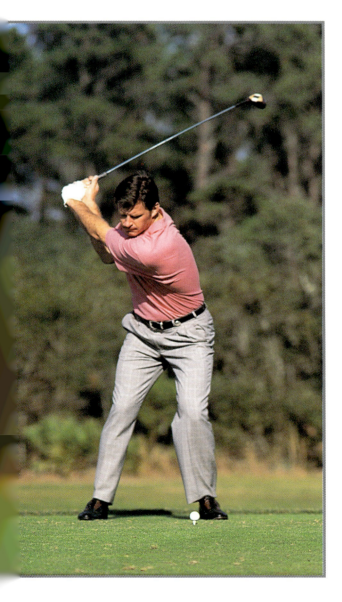 

Drehung gegen ein angespanntes rechtes Knie

Wenn der Körpereinsatz der Motor Ihres Schwungs ist, dann ist die Feinabstimmung der Mechanismen dafür verantwortlich, die Schlägerkopfgeschwindigkeit und damit die Weite zu erhöhen. Alles dreht sich nur darum, daß verschiedene Kräfte gegeneinander wirken. In den letzten Jahren habe ich mich stets darauf konzentriert, meinen Oberkörper gegen ein angespanntes und gebeugtes rechtes Knie aufzudrehen. Nehmen Sie einen Driver, und spulen Sie die Bewegung ganz langsam vor einem Spiegel ab. Arbeiten Sie daran, daß Sie Ihre linke Schulter in eine Stellung über Ihrem rechten Knie bringen. Mit anderen Worten, versuchen Sie es,

Ein kraftvoller Golfschwung besteht aus einer Reihe von Kräften, die gegeneinander arbeiten. Der Unterkörper baut gegen die Drehbewegung des Rumpfes einen Widerstand auf, was sich wiederum auf die Geschwindigkeit auswirkt.

MEINE DRIVE-STRATEGIE • 123

  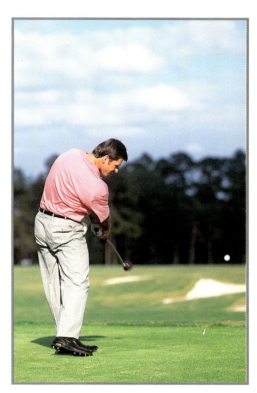

aber halten Sie mit Ihrem rechten Knie und Oberschenkel dagegen. Merken Sie, wie sich die großen Muskeln Ihres Rumpfes bis zum höchsten Punkt Ihres Rückschwungs immer weiter drehen?

Rein theoretisch sollten sich Ihre Schultern um 90, Ihre Hüften um etwa 45 Grad drehen. Ich bevorzuge allerdings die 90-Grad-Schulterdrehung in Kombination mit der nur 30-Grad-Hüftdrehung. Beim Training ziehe ich mitunter meinen rechten Fuß zum linken, womit ich den Widerstand in meinem rechten Oberschenkel erhöhe und gleichzeitig meine Hüftdrehung beschränke.

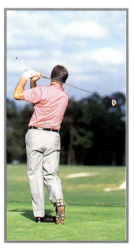

Kommen wir zum „power-move". Um die imaginäre Feder zurückschnellen zu lassen, müssen Sie versuchen zu spüren, wie sich linke Schulter und linkes Knie gemeinsam gegen die widerstehende rechte Seite bewegen. Diesen Augenblick betrachte ich als den Augenblick der Loslösung, der für einen guten Abschwung unerläßlich ist. In dem Moment, in dem Sie die Feder laufenlassen, sorgt die linksseitige Lösung dafür, daß der Weg für Ihre Arme frei ist und Sie den Schlägerkopf durch den Ball beschleunigen können. Es ist eine Kettenreaktion. Sobald Ihr Gewicht sich einmal auf die linke Seite zurückverlagert hat, können Ihre rechte Schulter, Ihre rechte Hüfte und Ihr rechtes Knie (genau in dieser Reihenfolge) kraftvoll durch den Ball peitschen, während der Oberkörper sich durch den Treffmoment dreht. Wenn Sie diesem Buch einen Rat entnehmen können, dann hoffentlich den, daß Sie Ihre Beinarbeit stärken müssen, um dieses Prinzip der aufdrehenden und zurückschnellenden Feder zu optimieren. Wenn Ihre Beine zu locker sind, können sie nicht als Widerstand gegen die Drehung des Oberkörpers dienen. Wenn Sie jedoch in der Lage sind, die Muskeln Ihres Oberkörpers gegen den Widerstand der Knie und Oberschenkel zu spannen und zu entspannen, werden Sie feststellen, daß Sie den Schläger immer besser beschleunigen können.

124 • EIN SCHWUNG FÜRS LEBEN

Es ist sehr selten, daß man in Büchern oder Zeitschriften eine Schwungsequenz von hinten sieht. Dabei glaube ich, daß es sich lohnt, zeigen die Bilder doch, daß die Kraft während des Schwungs aus den Beinen kommt. Ihre Aufgabe ist es, die Drehbewegung Ihres Oberkörpers zu stabilisieren und zu stützen.

Diese Bilder werden dazu beitragen, daß auch Sie eine ähnlich passive Beinarbeit entwickeln, die einen wiederholbaren Schwung erleichtert.
Richten Sie Ihr Augenmerk besonders auf den beginnenden Abschwung, den sogenannten „power-move". Nachdem ich meinen Ober-

MEINE DRIVE-STRATEGIE • 125

körper im Rückschwung gedreht und mein Gewicht auf die rechte Seite verlagert habe, ist es dieser winzige Moment des Übergangs, wenn das linke Knie und die linke Schulter sich zum Ziel hin zurückdrehen, der den Abschwung auslöst. Rhythmus ist dabei ganz entscheidend. Mein Unterkörper nimmt diese Hockstellung ein, während meine Hände und meine Arme den Schläger in die klassische Treffposition bringen. Danach muß ich nur noch meinen Körper energisch durch den Ball drehen und den Schlägerkopf zum Ziel hin frei laufenlassen. Ein guter Schwung endet immer in einem aufrechten und ausbalancierten Finish.

Sorgen Sie für einen flachen Schwungwinkel

Ich war eigentlich nie als guter Driver bekannt, aber ich bin heute wesentlich beständiger als noch vor zehn Jahren. Der Grund dafür ist ganz einfach. Mit der Verbesserung meines Körpereinsatzes wurde auch der Winkel meines Schwungs flacher, da ich den Durchschwung im Verhältnis zum Rückschwung absenkte. Dies ist die logische Konsequenz der korrekten Drehung bei Rück- beziehungsweise Durchschwung.

Sie können sich selbst ebenfalls kontrollieren. Stellen Sie sich lediglich seitlich vor einen großen Spiegel, und üben Sie diesen „power-move". Machen Sie zunächst einen normalen Rückschwung sowie anschließend einen Abschwung fast im Zeitlupentempo. Sie werden feststellen, wie sich Ihre Arme und der Schläger zumindest bei den ersten 20 bis 25 Zentimeter auf derselben Ebene zurückbewegen wie beim Rückschwung. Danach, während Sie Ihren Körper weiter nach links drehen, flacht der Schaftwinkel in dem Moment ab, sobald Sie in der klassischen Schlagposition angelangt sind. So lange Sie Ihren Körper weiter richtig zurückdrehen, sind Sie automatisch auf dem richtigen Weg, den Ball in einer unbehinderten Bewegung zu schlagen.

Der Auftreffwinkel ist der Schlüssel zur Entfernung. Mit dem Driver sollten Sie den Ball in einem frühen Stadium der Aufwärtsbewegung treffen. Der tiefste Punkt des Schwungbogens beziehungsweise der niedrigste Punkt des Schwungs liegt in diesem Fall etwa sieben bis zehn Zentimeter vor dem Ball. Auf diese Weise können Sie Ihre Schläge auf eine niedrige Flugbahn schicken. Trainieren können Sie dies mit einem Holz 3 und einem hoch aufgeteeten Ball. Spielen Sie ihn von einer Stelle gegenüber der Innenseite Ihres linken Fußes, und verlagern Sie Ihr Ge-

Wenn Sie die großen Muskeln Ihres Körpers richtig drehen, können Sie Ihren Schwung energisch abspulen und sich darauf konzentrieren, den Ball sauber vom Tee zu schlagen.

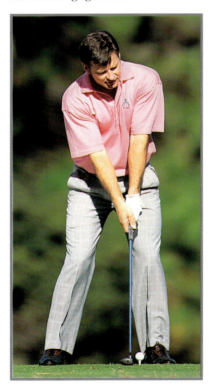

MEINE DRIVE-STRATEGIE • 127

wicht leicht auf die rechte Seite. Auf diese Weise unterstützen Sie eine kraftvolle Drehung. Stellen Sie sich vor, wie der Schlägerkopf im Treffmoment am Boden entlang sich durch den Ball hindurchbewegt. Lassen Sie ihn den Ball förmlich aufsammeln und in die Luft befördern. Indem Sie dies üben, stärken Sie Ihr Selbstvertrauen im niedrigsten Punkt Ihres Schwungs. Später sollten Sie dann auf den Driver umschalten und versuchen, dasselbe flache Gefühl im Treffmoment zu erreichen.

Und noch eine Übung empfehle ich in diesem Zusammenhang, um ein Gefühl für diese flachen, kraftvollen Schläge zu entwickeln. Teen Sie Ihren Ball an einem Hang etwas oberhalb Ihrer Füße auf. Nehmen Sie ein mittleres Eisen, und versuchen Sie, ein Gefühl für die Drehbewegung zu bekommen, wobei Sie sich mit dem Schlägerkopf auf den Hang einstellen müssen. Schon nach ein paar Minuten werden Sie feststellen, wie rund und kompakt sich Ihr Schwung anfühlt, da Ihre Schultern gezwungen sind, sich sowohl im Rück- als auch im Durchschwung auf einer gleichbleibenden Ebene zu bewegen. Halten Sie im Finish Ihr Gleichgewicht, und beobachten Sie den Ball, wie er einen Spin von rechts nach links beschreibt. Sobald Sie den Ball besser treffen, sollten Sie versuchen, auch die Schwunggeschwindigkeit mit einem Driver zu erhöhen. Gedanken an Spieler wie Ernie Els oder Fred Couples tragen zu einem guten Rhythmus bei – und konzentrieren Sie Ihre ganze Energie auf den wichtigen Treffmoment. Stellen Sie sich den Verlauf der Flugbahn Ihres Drives vor, und lassen Sie den Schläger so laut wie möglich durch den Ball sausen.

Der Härtetest ist freilich, den Ball mit einem Driver direkt vom Boden zu schlagen. Erfahrene Spieler sollten dies ruhig von Zeit zu Zeit ausprobieren, denn mit dieser Übung finden Sie schnell heraus, in welchem Zustand sich Ihr Schwung befindet. Wenn Sie es schaffen, den Ball sauber vom Gras und das Fairway hinab zu schlagen, können Sie sicher sein, daß bei Ihnen alles synchron abläuft.

So kurieren Sie die schlimmsten Fehler

Jede Schwungbewegung erfordert einen koordinierten Körpereinsatz sowie eine sinnvolle Gewichtsverlagerung. Damit meine ich, daß sich das Gewicht mit dem Verlauf des Schwungs zurück und wieder vorwärts bewegen sollte.

Denken Sie darüber nach. Wenn zum Beispiel ein Tennisspieler den Ball zum Aufschlag hochwirft, verlagert er sein Gewicht zunächst auf die Ferse, dann wieder nach vorne. Beim Golf ist es nicht anders. Ihr Gewicht muß im Rückschwung auf der rechten Seite liegen, nur um dann die Richtung zu ändern und das Signal für den Durchschwung auszulösen. Dafür gibt es zahlreiche Beispiele. Egal, ob Sie einen Ball kicken oder werfen, Ihr Gewicht muß sich ganz natürlich zurück und nach vorne verlagern. Bis zu einem gewissen Grad bewegt sich dabei auch Ihr Kopf, nicht zuletzt, um das Gleichgewicht beizubehalten. Wenn ich den Schläger vom Ball wegbewege, neigt sich mein Kopf nach rechts. Damit löst er den Schwung aus und hilft mir, mein Gewicht richtig zu verlagern und eine kraftvolle Drehung aufzubauen.

Indem ich meinen Kopf leicht zur rechten Seite neige, kann sich auch mein Rückgrat unbehindert winden. Das wiederum erhöht die Kraftentfaltung einerseits, andererseits verringert es die Streßfaktoren für den Rücken.

MEINE DRIVE-STRATEGIE • 129

„Halten Sie Ihren Kopf ganz ruhig" – das ist meiner Meinung nach – zumindest, wenn er wörtlich genommen wird – der schlechteste Rat, den Ihnen jemand geben kann. Vielmehr müßte es heißen „halten Sie Ihren Kopf im Gleichgewicht und Ihre Augen über dem Ball". Wichtig ist, daß Sie den Ball beobachten und dabei eine konstant horizontale Ebene beibehalten. Auf keinen Fall sollten Sie sich bewußt anstrengen, den Kopf starr zu fixieren. Wenn Sie dies dennoch tun, werden Sie dazu neigen, nicht nur Ihr Gewicht falsch zu verlagern, sondern sich auch falsch zu drehen.

Dieser Fehler ist fatal. Schauen Sie sich in Ihrem Club um – die Spieler, die versuchen, ihren Kopf ruhig zu halten, können einerseits ihr Rückgrat nicht richtig aufdrehen, andererseits verlagern sie ihr Gewicht im Rückschwung auf die linke Seite. Um die Situation zu retten, können sie im beginnenden Abschwung nur ihr Gewicht auf die rechte Seite verlagern. Doch dies ist ein Kippen, keine Drehung. Entscheidend ist, daß der Schlägerkopf eine viel zu steile Schwungbahn von außen nach innen beschreibt.

Klassische Symptome dieses Fehlers sind sowohl Pull als auch Slice sowie ein allgemeiner Mangel an Kraft. Wenn Ihnen dies irgendwie bekannt vorkommt, nehmen Sie sich ein Beispiel an mir, und lassen Ihren Kopf gemeinsam mit Ihrem Rückgrat drehen. So bekommen Sie nicht nur ein besseres Gefühl, sondern werden auch den Ball viel besser treffen.

Die Kraftentwicklung – meine Schlüsselgedanken

Bevor wir nun eine Drive-Sequenz genauer betrachten und auf die wichtigsten Details für die Kraftentwicklung eingehen, lassen Sie mich ein paar Fragen behandeln, mit denen ich beim Spiel mit meinen Pro/Am-Partnern immer wieder konfrontiert werde. Eine der häufigsten Fragen ist, wie hoch man den Ball eigentlich aufteen soll.
Viel hängt freilich von den Umständen ab, aber bei einem normalen Drive würde ich den Ball so aufteen, daß etwa die Hälfte von ihm über die Oberkante der Schlagfläche hinausragt. Das ist meiner Meinung nach optimal, um den Ball im Treffmoment kraftvoll im Aufwärtsschwung zu treffen. Bei Rückenwind würde ich den Ball ein wenig höher aufteen, damit er auch etwas höher fliegt. Das bedeutet andererseits, daß man ihn bei Gegenwind niedriger aufteet, allerdings auch nicht zu tief, da man sonst Gefahr läuft, dem Ball zuviel Spin mit auf den Weg zu geben. Außerdem sollte man bei der Ballposition um drei bis fünf Zentimeter von der Innenkante des linken Fußes variieren, je nachdem, wie Sie die Flugbahn des Balls beeinflussen wollen. Diese beiden Variablen müssen Sie beim Drive bedenken, wobei Sie ruhig ausprobieren sollten, welche Auswirkungen die verschiedenen Kombinationen haben.
Vielleicht haben Sie bemerkt, daß ich den Schlägerkopf in der Ansprechposition hinter dem Ball anhebe. Diese Verhaltensweise habe ich mir im Laufe der Jahre angewöhnt, wobei ich sie nicht jedem empfehlen würde. Wie vielen Spielern auf der Tour hilft es mir, einen weiten und flüssigen Rückschwung einzuleiten, was wiederum Voraussetzung für eine kraftvolle Drehung ist. Während dieses Anhebens des Schlägerkopfes für mich sehr gut ist, mag es durchaus sein, daß es für Sie ungeeignet ist.
Die zweite Frage, die mir häufig gestellt wird, lautet, welcher Unterschied am Abschlag zwischen einem Drive und einem Eisenschlag besteht? Meine Antwort ist stets, daß der Schwung sich selbst nicht unterscheidet, lediglich der Treffwinkel. Mit den Eisenschlägern tendiert man leicht nach unten, wobei man zunächst den Ball und anschließend ein Divot schlägt. Beim Drive wollen Sie hingegen den Ball vom Tee fegen, was geringfügige Modifikationen in der Ansprechposition erfordert. Der Rest ist normal wie immer. Im Training widerstehe ich der Versuchung, zuviele Drives hintereinander zu schlagen. Zwischendurch nehme ich auch einen Wedge und mache einige Pitch-Schläge. Dies hilft mir nicht nur, mein Gefühl und meinen Rhythmus beizubehalten, sondern auch mein Timing. Wenn Sie sichergehen wollen, letzteres zu verlieren, müssen Sie nur lange genug aus vollen Rohren Ihre Schüsse abfeuern. Sie brauchen vielmehr immer wieder Phasen der Abkühlung. Nachfolgend ein paar Gedanken, die Sie berücksichtigen sollten.

Die Ansprechposition

Solide Basis für einen soliden Schwung

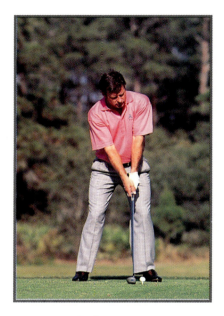

Mein Stand fühlt sich dann bequem an, wenn die Innenseite meiner Füße sich etwa auf Schulterbreite befinden. Mit gebeugten Knien versuche ich, mein Gewicht im Verhältnis 55 zu 45 auf die rechte Seite zu verlagern. Meine rechte Schulter ist etwas niedriger als die linke, was übrigens darauf hindeutet, daß mein Körper auf eine kraftvolle Drehung vorbereitet ist. Ich pendle mit dem Schlägerkopf ein paar Mal ein, um ganz locker zu sein. Damit will ich erreichen, daß meine Muskeln sich dehnen wie lange Gummibänder. Mit einem steifen und angespannten Körper können Sie keine Weite erzielen. Alles in Ihnen muß auf eine flüssige Bewegung eingestellt sein.

Der Rückschwung

Denken Sie „tief und langsam"

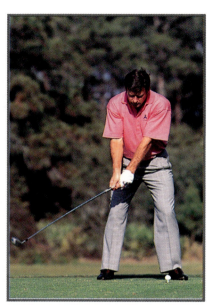

Bei einem guten Schlag muß man sich darauf konzentrieren, den Oberkörper während des Rückschwungs hinter dem Ball voll aufzudrehen. Der Schlüssel für den Erfolg liegt schon im beginnenden Rückschwung. Als Auslöser nutze ich den Gedanken „tief und langsam". Ich achte darauf, daß sich meine Schultern, meine Arme und der Schläger in einer Bewegung vom Ball wegbewegen, was für einen großen Radius sorgt. Im selben Moment fühle ich, wie sich mein Gewicht zur rechten Seite verlagert.

Der höchste Punkt

Ziehen Sie die Feder auf

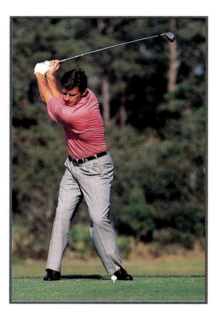

Das Drehen Ihres Oberkörpers gegen ein gebeugtes rechtes Knie ist der Schlüssel für eine kraftvolle Rückschwungposition. Die imaginäre Feder ist nun voll aufgezogen – die Energie kurz vor der Entladung. Ich finde es nicht so gut, wenn der Schlägerschaft weiter als bis in die Horizontale geführt wird. Wenn Sie Ihre Stellung seitlich überprüfen wollen, sollten Sie vage die Handknöchel Ihrer linken Hand sehen, wobei der linke Daumen unter dem Schaft liegt. Dies ist ein Zeichen für Stärke.

Der Power-move

Synchronisiert abspulen

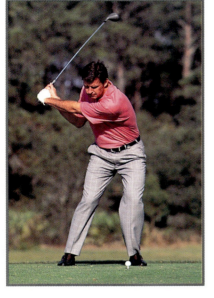

In all den Jahren, in denen ich Schwünge beobachtet und studiert habe, komme ich zu dem Schluß, daß alle großen Spieler ihren Abschwung mit einer Reflexbewegung ihres Unterkörpers einleiten – in der Regel mit dem linken Fuß oder Knie. Ich selbst spüre, wie sich mein linkes Knie und meine linke Schulter zusammen bewegen, was darauf hindeutet, daß ich mich zum Ziel hinbewege. In diesem Bruchteil einer Sekunde bewegt sich mein Körper tatsächlich in zwei Richtungen gleichzeitig. Wie Sie sehen, sind meine Handgelenke die ganze Zeit angewinkelt.

Der Treffmoment

Nach links drehen und den Ball aufsammeln

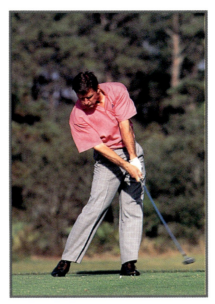

In dem Moment, in dem ich meinen Körper durch den Ball hindurchdrehe, empfinde ich ein Gefühl der Befreiung. Mein Körper ist der Motor, der die Kraft erzeugt, während meine Arme und Hände diese freiwerdende Energie durch den Schlägerschaft auf den Ball übertragen.

Im letzten Moment legen meine rechte Schulter, die rechte Hüfte und das rechte Knie alle Kraft in den Treffmoment – genau dann, wenn Geschwindigkeit die größte Rolle spielt. Beim Trainieren sage ich mir oft, daß die linke Seite den Weg für die rechte freimacht, die dann den Drive ausführt. An einem guten Tag habe ich das Gefühl, daß ich die Rückseite des Balls quasi mit meiner rechten Schulter bestrafe – sie ist meine Kraftquelle.

Das Finish

Drehen mit Balance

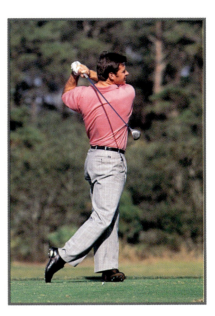

Nachdem ich meinen Körper kraftvoll durch den Ball hindurch gedreht habe, zeigt mein Oberkörper zum Ziel, während mein Rückgrat völlig gerade ist. Der überwiegende Teil meines Gewichtes lagert nun auf der linken Seite, mein rechter Fuß ist auf der Spitze ausbalanciert. Wenn Sie es schaffen, den Schlägerkopf wirklich frei laufen zu lassen, dann enden Ihre Hände niedrig hinter Ihrem Genick, während Ihre rechte Schulter der Körperteil ist, der sich dem Ziel am nächsten befindet. Solch eine Endstellung beweist, daß Sie Ihren Schwung nach den neuesten Kriterien durchführen. Außerdem reduziert diese Endstellung die Beanspruchung Ihrer Wirbelsäule.

7
PUTTEN
Ein individueller Touch

*Beim Putten dreht sich alles um Ihre Selbstkontrolle.
Das Geheimnis besteht zunächst darin,
an der Basis zu arbeiten und einen wiederholbaren Schwung
aufzubauen, danach darauf zu vertrauen
und die Sache laufen zu lassen.*

Wenn Sie je die Gelegenheit haben, während eines Profiturniers am Übungsgrün zu stehen, werden Sie schnell feststellen, daß Putten eine ganz persönliche Angelegenheit ist. Nehmen wir nur die Ansprechposition: Die einen stehen groß und aufrecht da, die anderen sind so gebeugt, daß sie fast ihre Schnürsenkel binden könnten. Ich habe Spieler kennengelernt, die mit einem offenen Stand gute Puttergebnisse erzielten, und andere, die völlig square zur Puttlinie standen. Gary Player, zum Beispiel, hat sich trotz seines geschlossenen Standes gar nicht so schlecht aus der Affäre gezogen.

Bei der niemals endenden Suche nach dem perfekten Schlag haben Spieler jede nur denkbare Griffkombination ausprobiert. Es gibt jedoch einige Regeln, bei denen es keine Rolle spielt, ob Sie Ihre rechte Hand unter der linken oder umgekehrt halten. Tatsächlich können Sie mit Ihren Händen so greifen, wie Sie wollen, also auch weit voneinander.

Nehmen wir Bernhard Langer, einen der wohl bedächtigsten und beständigsten Golfer der Welt. Bei seinem legendären Griff klemmt er mit der rechten Hand den Putterschaft gegen seinen linken Unterarm. Und es funktioniert – Bernhard ist einer der besten Putter, den Sie je sehen werden.

Die Ansprechposition – mein Schlüssel zur Beständigkeit

Wenn Sie einmal die Schlägerfläche des Putters zum Ziel hin ausgerichtet haben, dann sorgen Sie dafür, daß auch Ihre Schultern und Ihre Augen parallel zu dieser Linie stehen. Nur dann bekommen Sie eine Vorstellung des Weges, den der Ball beschreiben muß.

Nachdem ich Ihnen die Notwendigkeit klargemacht habe, daß Sie so lange experimentieren müssen, bis Sie eine effektive und auch bequeme Puttmethode gefunden haben, möchte ich auf einige Faktoren hinweisen, die für einen wiederholbaren Schwung wichtig sind. Nehmen Sie sie als Parameter für eine gute Putt-Technik.

Zunächst Ihre Haltung. Es spielt eigentlich keine Rolle, ob Sie eine zum Ziel hin geöffnete oder geschlossene Stellung einnehmen. Die meisten guten Putts resultieren aus einem gleichbleibenden Winkel des Rückgrates. Man sieht eigentlich nicht viele Top-Spieler, die ihr Gewicht extrem nach vorne oder nach hinten verlagern. Die meisten ziehen wohl eine aufrechte Rückgratstellung vor.

Der Pendelstil, den ich anwende und den ich Ihnen auch empfehlen würde, wird hauptsächlich durch die große Schultermuskulatur bestimmt, was sich in einer

recht normalen Ansprechposition widerspiegelt. Um meinen Armen und Schultern die nötige Bewegungsfreiheit zu ermöglichen, beuge ich meine Knie, strecke mein Gesäß nach hinten und beuge mich aus den Hüften nach vorne, bis meine Arme ganz natürlich vor meinem Körper hängen. Ohne jede Anspannung lehnen sich meine Ellenbogen seitlich an. Wenn ich meine Hände zum Griff vereint habe, dann ist der Putter gewissermaßen die Verlängerung meiner Arme.

Überprüfen Sie Ihre Haltung vor einem Spiegel, und achten Sie besonders auf die Stellung Ihrer Ellenbogen im Verhältnis zu Ihrem Körper. Bequemlichkeit sollte ein Hauptaspekt sein, doch versuchen Sie, daß zumindest ein Ellenbogen – am besten aber beide – sich seitlich an Ihren Körper anlehnen. Viele gute Spieler, mit denen ich spreche, verspüren die Pendelbewegung in ihren Ellenbogen als Bewegung auf einer Schiene. Ich glaube, dies ist ein hilfreiches Bild, das man sich merken sollte.

Die Schultern bestimmen die Rück- und Vorwärtsbewegung. Wie auf Schienen bewegen sich dann Ihre Ellenbogen, wobei der Schlag von selbst abläuft.

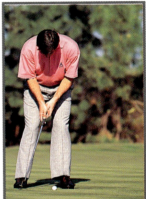
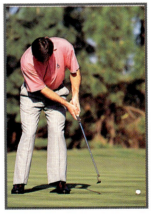

Der Griff –
eine Verbindung beider Hände

Auf der Tour ist der Overlapping-Griff Standard. Aber Sie sollten ruhig andere Varianten ausprobieren, bis Sie einen Griff gefunden haben, der sowohl funktionell als auch komfortabel ist.

Nun zum Griff. Egal, wie Sie Ihre Hände vereinen, bin ich davon überzeugt, daß die Handflächen nicht nur parallel zueinander stehen sollten, sondern zusätzlich square zur Schlagfläche des Putters. Mit dieser neutralen Stellung vergrößern Sie die Chancen, daß der Schläger sich square zu Händen und Armen bewegt. Sicher, Jack Nicklaus setzt einer schwachen linken Hand eine starke rechte gegenüber. Trotzdem ist er einer der Spieler, der am besten puttet.

Bei einem konventionellen Griff betrachte ich die linke Hand als die führende, die rechte dagegen als diejenige, die für das Tempo verantwortlich ist. Dieses Prinzip spiegelt sich bei den Bildern auf der rechten Seite wider. Der Griff verläuft diagonal durch die linke Handfläche, wobei ich diese Position hauptsächlich durch Druck in den letzten drei Fingern sichere. Es ist ein fester, aber nicht verkrampfter Griff. Ich habe dabei das Gefühl, daß meine linke Hand den Putter kontrolliert, die Muskeln meines Handgelenks und Unterarms aber völlig entspannt sind.

Die Finger meiner rechten Hand streicheln förmlich den Schlägergriff. Doch wie beim normalen Griff ist diese „Pistolengriff-Stellung" zwischen dem rechten Daumen und dem Zeigefinger eine Gefühlskomponente, die Sie auf jeden Fall pflegen sollten. Um die Sensibilität zu steigern, sollten Sie sichergehen, daß beide Ballen leicht auf dem Schaft aufliegen. Tun Sie so, als seien sie Sensoren. Was die Details anbelangt, so ist es Ihnen überlassen, wie Sie Ihre Finger miteinander vereinen, wichtig aber ist, daß diese Stellung bequem ist und einen gleichmäßigen Druck in den Unterarmen gewährleistet. Das ist ganz entscheidend. Am besten putte ich nämlich dann, wenn meine Unterarme entspannt sind, so daß meine Hände und Arme förmlich das Gewicht des Putterkopfes in der Pendelbewegung spüren. Allerdings ist nicht jeder mit dieser Theorie einverstanden. Tom Watson, zum Beispiel, hat immer wieder gesagt, wie er das Blut so sehr aus seinem Griff „herausquetscht", daß er noch nicht einmal unter Druck fester greifen könnte. Fakt ist, daß niemand besser puttete als der frühe Tom Watson.

Die wohl populärste Methode ist wohl der sogenannte umgekehrte Overlapping-Griff, bei dem der linke Zeigefinger über die Finger der rechten Hand verläuft. Dies gibt einem nicht nur ein bequemes Gefühl, sondern unterstützt die beiden Hände, als eine führende Einheit zu agieren. Das genau ist der Punkt, den Sie erzielen müssen.

PUTTEN • 139

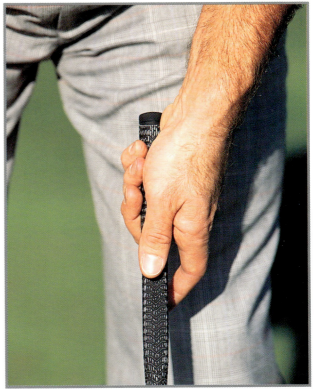

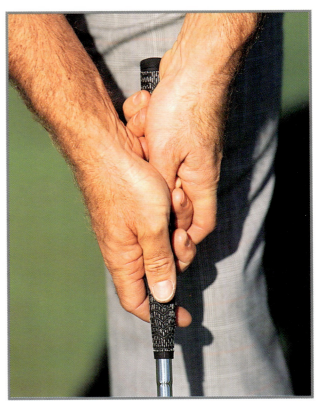

Experimentieren Sie mit der linken unter der rechten Hand

Von den vielen denkbaren Möglichkeiten sollten Sie sowohl den üblichen Vardon-Griff als auch die noch relativ junge umgekehrte Variante ausprobieren. Die linke Hand unter die rechte zu plazieren, hat sicherlich Vorteile. Als ich Ende der Saison 1994 mit meiner Vorstellung auf den Grüns nicht mehr zufrieden war, gab ich dieser Methode eine ernsthafte Chance. Ein Wechsel ist überhaupt manchmal ebensogut wie eine Pause.

Beim Training zu Hause stellte ich fest, daß dieser umgekehrte Griff viele Elemente beinhaltet, die für einen guten Puttstil erforderlich sind. Zum einen sorgt die Position meiner Hände dafür, daß die Schultern sich beim Ansprechen in einer Linie befinden, was den Pendelschlag erleichtert. Zum anderen lehnt sich bei diesem Griff der rechte Ellenbogen automatisch an Ihre Körperseite, wo er während des ganzen Schlags bleibt.

Die wirklich guten Putter legen großen Wert auf diese Verbindung zwischen Armen und Körper. Die Arme bewegen sich nicht unabhängig voneinander, und der Schlag wiederholt sich automatisch. Indem ich so greife, fühlen sich meine Hände ganz weich an, weshalb sich auch weniger Muskelspannung von den Armen auf die Schultern überträgt. Ich kann förmlich während des Richtungswechsels die Verzögerung in meinen Händen spüren, mit der Folge, daß ich positiver gestimmt den Schlägerkopf schwinge.

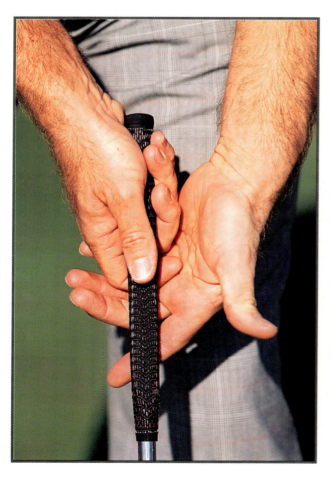
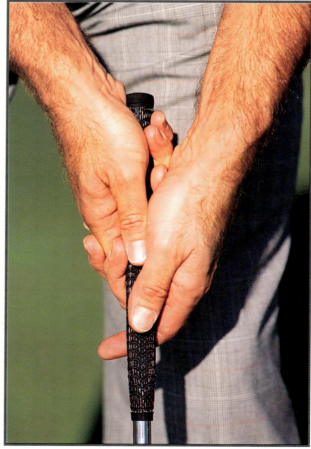

Die Ballposition – eine Bewegung nach oben

So, wie man der weißen Kugel beim Snooker einen Top-Spin verpaßt, sollte man auch den optimalen Putt in einer leicht wischenden Aufwärts-Bürst-Bewegung treffen – am besten oberhalb der Ballmitte. Damit kommt der Ballposition eine wesentliche Bedeutung zu. So ist es bestimmt kein Zufall, daß die meisten guten Spieler den Ball etwas mehr zum linken Fuß beziehungsweise zwischen der Mittellinie ihres Standes und der Innenkante ihres linken Fußes spielen.

Dies sehe ich als eine der wenigen Regeln an, die Sie auf dem Grün beachten und die Sie auch regelmäßig überprüfen sollten. Dazu müssen Sie nur Ihre normale Haltung einnehmen, um dann einen Ball von Ihrem linken Auge fallen zu lassen und sich merken, wo er landet. Putten Sie dann aus einem Umkreis von einem bis zwei Zentimeter rund um diesen Punkt, und Sie werden feststellen, daß Sie den Ball im Treffmoment in einer Aufwärtsbewegung schlagen.

Es gibt noch einen weiteren Aspekt der Puttechnik, der sich durch den umgekehrten Griff verbessert. Wenn Sie Ihre Grundstellung eingenommen haben, achten Sie darauf, wie Hände und Arme sich ganz natürlich zum Körper hin drehen, wobei aus den Schultern heraus ein echtes Pendel entsteht. Der Ball liegt direkt unterhalb der Augenlinie, und indem man mit einer Wiegebewegung die Schultern einsetzt, bewegt sich der Putterkopf ganz nah am Boden entlang. Bei dem Gefühl, den Putterkopf mit dem linken Handrücken förmlich durch den Ball zu ziehen, sorgt man automatisch dafür, daß die Schlägerfläche durch den Treffmoment hindurch square bleibt. Mechanisch bedingt bleibt der Schlag länger auf der Puttlinie.

In diesem Kapitel werde ich Ihnen einige Übungen sowohl mit dem normalen als auch mit dem umgekehrten Griff demonstrieren. Ich halte beide für gut. Nun liegt es an Ihnen, die für Sie geeignete und vor allem funktionierende Methode herauszufinden.

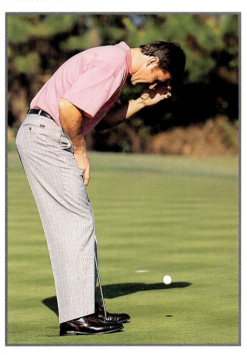 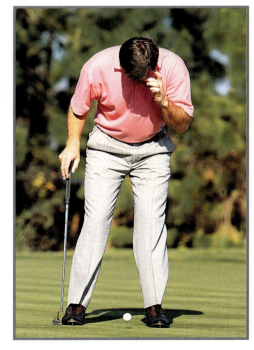

PUTTEN • 143

Der Schlag – der Aufbau einer wiederholbaren Methode

Einige Leute behaupten, man müsse den Einsatz der Hände und Handgelenke beim Putten völlig eliminieren. Diese Meinung teile ich nicht. Wenn Sie auch nur die Hände aus dem Ablauf herausnehmen, endet alles in einem hölzernen Schlag, bei dem Sie wenig empfinden. Um diese Motorik zu erzeugen, die den Ball zum Rollen bringt, müssen Ihre Hände und Handgelenke nicht nur "lebendig", sondern auch flexibel sein. Die besten Putter sind jene mit einer Art Verzögerungsfaktor beim Schlagen. Beobachten Sie einmal die Spieler, die Turniere gewinnen. Sie werden feststellen, mit welcher Geschwindigkeit der Ball zum Loch rollt. Sie sind im Treffmoment sehr aggressiv, was zweifellos daran liegt, daß sie die Bewegungsfreiheit in den Handgelenken und Unterarmen beibehalten haben. So erzeugen Sie eine kontrollierte Beschleunigung mit einem relativ kleinen Schlag.

Um dieses Gefühl deutlich zu spüren, putten Sie einmal nur mit der rechten Hand. Das Gewicht des Schlägerkopfes wird sich auf Ihr Handgelenk übertragen, wobei Sie außerstande sein werden, im Moment des Richtungswechsels der kleinen Beugung Ihres Gelenks zu widerstehen. Versuchen Sie zu spüren, daß Sie die Bewegung Ihres Putters mit den Schultern kontrollieren.

ÜBUNG

Setzen Sie für die Bewegung die Schultern ein

Nachfolgend eine Übung, die Ihnen helfen wird, ein Gefühl fürs Putten mit einem aus den Schultern kontrollierten Pendelschlag zu entwickeln. Nehmen Sie Ihre übliche Puttstellung ein, greifen Sie den Schläger – mit dem Griff, der Ihnen am besten liegt – und klemmen Sie sich einen Schirm unter die Arme. Versuchen Sie nun, ein Gefühl für diese enge Dreiecksverbindung zwischen Händen, Armen und Schultern zu entwickeln. Heben und senken Sie die rechte Schulter, ohne daß der Schirm seine Lage verändert. Der Putterkopf bewegt sich dabei nach hinten und nach vorne durch den Ball. Betätigen Sie diesen Mechanismus als Einheit. Vorausgesetzt, Sie halten Ihren Kopf ruhig und Ihre Bewegung verläuft flüssig, werden Sie genau die Verbindung zwischen Armen und Körper spüren.

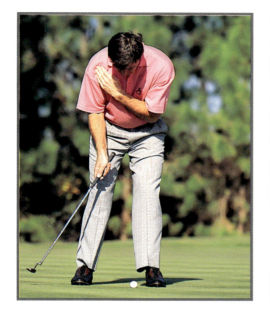
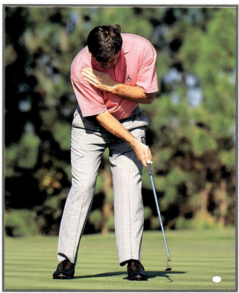

Versuchen Sie, Putts nur mit Ihrer rechten Hand zu schlagen und sowohl den Richtungswechsel als auch die Beschleunigung zu spüren. Danach sollten Sie dieses Gefühl mit einem normalen Griff wiederholen.

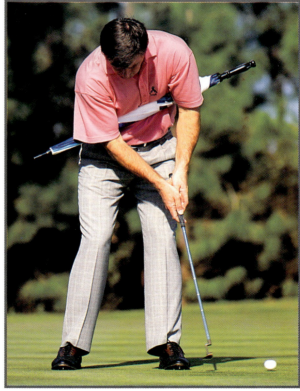

Das Einlochen – bleiben Sie mit dem Putter auf der Spur

Gehen wir noch einen Schritt weiter. Lochen Sie auf dem Übungsgrün Putts aus etwa zwei Meter Entfernung ein, wobei Sie an den Mechanismen der Pendelmethode feilen sollten. Wiegen Sie Ihre Schultern, und lassen Sie Arme und Hände auf diese Bewegung reagieren. Versuchen Sie, den Kopf und die Durchschwungposition so lange beizubehalten, bis der Ball ins Loch gefallen ist. Überprüfen Sie dann, ob die Schlägerfläche des Putters noch square zur Puttlinie liegt. Ein Verdrehen in die eine oder andere Richtung sollte nicht stattgefunden haben. Hilfreich in diesem Zusammenhang ist, sich darauf zu konzentrieren, daß man den rechten Ellenbogen nah am Körper beläßt. So verhindert man, daß der Putter ausbricht und hilft vielmehr, daß er einen gleichbleibenden Weg beschreibt. Ich bin davon überzeugt, daß dies einer der Gründe dafür ist, daß viele Spieler vor allem bei kurzen Putts zum Griff mit der rechten über der linken Hand übergehen. Wenn man die Hände so hält, ist automatisch gewährleistet, daß der rechte Ellenbogen nah am Körper anliegt. Durch den Schlag hindurch bewegen sich Ihre Arme sowohl zurück als auch nach vorne bildlich auf einer „Schiene".

Es wurde lange darüber diskutiert, ob der Putter beim Rück- und Durchschwung gerade fliegen oder eine leichte Kurve beschreiben sollte. Für mich ist die Sache ganz klar. So lange Sie nicht ganz bewußt mit den Handgelenken die Bahn manipulieren wollen, wird sich der Schlägerkopf auf einer natürlichen

Laufenlassen und halten – bewegen Sie Ihren Kopf so lange nicht, bis der Ball am Loch angelangt ist.

PUTTEN • 147

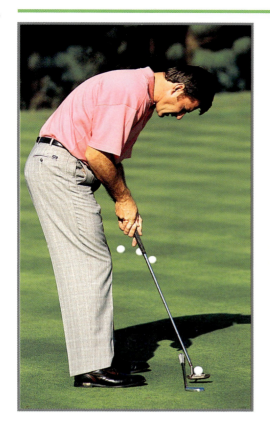
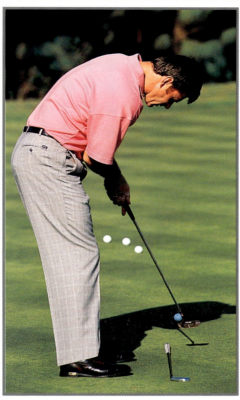

Wenn Sie einmal das Gefühl für einen guten Schlag haben, ist alles nur noch Übungssache und eine Frage des Selbstvertrauens. Glauben Sie mir, beides ist sehr stark miteinander verbunden.

Kurve innerhalb der Ball-Ziel-Linie bewegen. Trotzdem glaube ich, daß man sich – besonders bei kurzen Putts zwischen zwei und drei Metern – bemühen sollte, den Putterkopf ziemlich präzise square hin- und zurückzubewegen. Bei diesen häufig entscheidenden Putts wird sich der Schläger nur minimal innerhalb der Ball-Ziel-Linie bewegen.

Um die Bahn, die der Putter im Rück- und Durchschwung beschreibt, zu dokumentieren, mache ich einen Kreidestrich auf dem Übungsgrün. Dann trainiere ich Putts aus einer Entfernung von einem bis 1,50 Meter. Dabei konzentriere ich mich voll darauf, den Schlägerkopf im Rückschwung ganz nah am Boden wegzuführen, um dann square durch den Treffmoment hindurch in einer leichten Aufwärtsbewegung zu gleiten. Kritisch ist dabei vor allem das Tempo. Es verfehlen mehr kurze Putts nur deshalb das Loch, weil sie nicht weit genug rollen. Beim Training sollten Sie darauf achten, daß Sie ein Gefühl dafür bekommen, daß Ihre Hände und der Schlägerkopf sich mit derselben Geschwindigkeit bewegen.

Eine weitere nützliche Übung besteht darin, den Putterkopf auf einem liegenden Schaft zurück und noch vorne zu schwingen. Ich praktiziere diese Übung in jedem Hotelzimmer der Welt. Ich kann Ihnen nur empfehlen, das gleiche auch auf dem Platz zu tun, wenn Sie das Gefühl haben, Sie müßten schnell Ihren Schlag überprüfen. Bei einem guten Schlag bewegt sich Ihr Putter im Rückschwung minimal innerhalb des Schaftes, im Treffmoment aber sollte er auf der Linie verlaufen. Daran müssen Sie arbeiten. Denken Sie daran, die rechte Schulter nach oben, die linke nach unten zu ziehen. Wenn Sie sich zum Schaft korrekt hin aufgestellt haben, das heißt, Ihre Augen und Schultern verlaufen square, dann dürfte es ein leichtes sein, auf dem Weg zu bleiben.

Bei der Vorbereitung zur Open Championship 1992 in Muirfield trainierte ich besonders intensiv, Putts aus kurzen Entfernungen einzulochen. Mein Ziel war es, den Putterkopf square zur Puttlinie zu führen. Eine Übung hat sich in diesem Zusammenhang besonders bewährt. Versuchen Sie, einen Putt aus einer Entfernung von etwa einem Meter mit der erwähnten „Wisch"-Bewegung ins Loch zu schlagen, wobei Sie auf den Rückschwung verzichten. Der Sinn ist, ein bewußtes Gefühl für Ihre rechte Hand und Ihren Unterarm zu bekommen, indem Sie den Putterkopf gewissermaßen zum Loch hin drücken. Achten Sie darauf, daß der Schläger square liegt.

In Verbindung mit dieser Übungstechnik, die auch viele andere Golfprofis anwenden, sollten Sie auch ein paar kurze Putts mit der Führungskante eines Wedges oder des Sandeisens schlagen. Wichtig ist, daß Sie den Ball oberhalb seiner dicksten Stelle treffen, damit er gut ins Rollen kommt. Das Schöne an dieser Übung ist, daß sie Sie zwingt, einen niedrigen und weichen Rückschwung zu vollführen und den Ball im Treffmoment in der Aufwärtsbewegung zu schlagen. Genau diese Fähigkeiten müssen Sie beim Putten erlernen; ein guter Rhythmus ist unerläßlich.

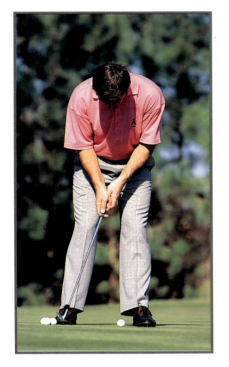  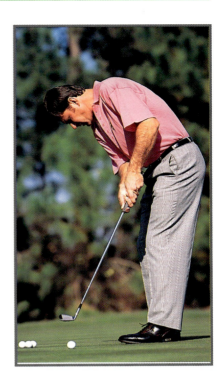

Lassen Sie uns all diese harte Arbeit einem Test unterziehen. Versuchen Sie, ein Loch auf einem hängenden Grün zu finden, und legen Sie kreisförmig um es herum vier Bälle. Zunächst beginnen wir mit den kurzen Putts aus 30 Zentimeter bis einem Meter. Schauen Sie sich die Linie eines jeden Putts an, und lochen Sie hintereinander so viele wie möglich ein. Setzen Sie sich selbst ein Ziel, und versuchen Sie sich zu überbieten. Stellen Sie Ihre Nerven auf eine Probe. Bei dieser Übung konzentriere ich mich darauf, meinen Kopf ruhig zu halten und den Ball energisch einzulochen. Ich halte nichts davon, zu sanft zu putten. Schon die geringste Unregelmäßigkeit auf dem Grün oder ein Spikeabdruck kann den Ball aus seiner Bahn werfen. Viel besser ist es, Ihre Augen auf die Rückseite des Balls zu richten und sich zu einem positiven Schlag zu zwingen. Einer der gewöhnlichsten und auch schlimmsten Fehler dürfte die Angewohnheit sein, im Treffmoment das linke Handgelenk einzusetzen. Dieser Gefahr kann man mit der umgekehrten Griffhaltung aus dem Wege gehen. Wenn man die linke Hand unter der rechten hält, ist man sich der stabilen Hand und des Handgelenks viel mehr bewußt. Letzteres führt und spiegelt die Schlägerfläche im Treffmoment wider. Zu guter Letzt versuche ich noch, meinen Kopf wenigstens so lange ruhig zu halten, bis der Ball aus meinem seitlichen Blickfeld verschwunden ist. Alles läuft am Ende auf Ihr Selbstvertrauen aus, aber wenn Sie genügend trainieren, werden Sie auch auf dem Platz gute Ergebnisse erzielen. Ich selbst habe vielleicht den Aspekt des Kopfstillhaltens etwas übertrieben, aber schließlich verfehle ich nur selten das Loch aus einer Entfernung um zwei Meter.

Der Härtetest: Versuchen Sie, mit der Führungskante Ihres Wedges zu putten. Auf diese Weise müssen Sie sich zwingen, einen guten Rhythmus einzuhalten und durch den Ball nach oben zu beschleunigen.

150 • EIN SCHWUNG FÜRS LEBEN

Verzögertes Putten – den Schlag verlängern und den Ball rollen lassen

Alle guten Putter haben eines gemeinsam, sie können hervorragend die Entfernung einschätzen und den Ball anschließend tot ans Loch legen. Sie haben einfach das perfekte Gefühl. Dies können Sie nicht etwa über Nacht erreichen, aber immerhin können Sie den Lernprozeß mit zwei wohlausgesuchten Übungen beschleunigen. Eine goldene Regel besagt, daß die Geschwindigkeit, mit der Sie den Ball treffen und rollen lassen, von der jeweiligen Länge des Schlages abhängig sein muß. Dabei bleiben die Prinzipien, auf welche Weise Sie den Schlag durchführen, immer dieselben. Egal, ob ich nun einen Putt aus zwei Meter oder einen Monsterputt quer übers Grün angehe, bemühe ich mich stets, die Pendelbewegung beizubehalten: Je länger der bevorstehende Putt, desto größer die Länge des Schwungs.

Tempo ist für mich in diesem Zusammenhang ein Hauptfaktor. So, wie ich davon überzeugt bin, daß man mit jedem einzelnen Schläger einen gleichbleibenden Rhythmus beibehalten sollte, halte ich dieses Prinzip auch beim Putten ein. Unabhängig von der Länge versuche ich immer denselben besonnenen Rhythmus einzuhalten. Ich habe mir angewöhnt, den Schlägerkopf in einem unveränderten Tempo weich zurück und wieder nach vorne zu bewegen, wobei meine Arme und Handgelenke so entspannt sind, daß ich den Putter gleichmäßig beschleunigen kann.

Beim Training zähle ich häufig „eins, zwei" im Takt mit meinem Schlag. Wenn ich den Schläger vom Ball wegführe „eins", und „zwei", wenn ich ihn durch den Treffmoment entlang der Linie zum Ziel schwinge. An anderen Tagen könnte es sein, daß ich „Schultern-Schultern" sage oder, bei kurzen Putts, „square-square". Es spielt eigentlich keine Rolle, woran Sie genau arbeiten, so lange Sie versuchen, einen gleichbleibenden Schwung zu entwickeln. Glauben Sie mir, Sie werden mehr Bälle mit einem schlechten Schlag, aber einer guten Geschwindigkeit einlochen, als mit einem guten Schlag ohne das erforderliche Tempo.

Und noch ein Rat, den mir David Leadbetter gab, wird Ihnen helfen, den Putter bei gleich welcher Entfernung laufen zu lassen. Er schlägt vor, einen etwas breiteren Stand einzunehmen, was zweifellos einen flüssigeren Pendelschlag unterstützt. Sinn und Zweck ist, daß Sie sich selbst genügend Platz einräumen, den Ball als leichten Top-Spin mit Hilfe einer langen Rück- und Vorwärtsbewegung zu schlagen.

Am besten entwickeln Sie ein Gefühl für Entfernungen, wenn Sie in ein Grün Tees im Abstand von drei, fünf und zehn Meter stecken und von diesen Markierungen aus nach dem Zufallsprinzip putten. Variieren Sie je nach Länge des Putts auch den Radius Ihres Schlages, und konzentrieren Sie sich darauf, den Ball in der Mitte der Schlagfläche zu treffen. Bedenken Sie, daß Sie auf dem Platz auch nur jeweils eine einzige Chance haben, also trainieren Sie auch entsprechend. Manchmal erweitere ich diese Übung sogar noch, indem ich mit geschlossenen Augen putte. Diese Übung können Sie übrigens auch zu Hause wiederholen. Wenn einer Ihrer Sinne nachläßt, werden automatisch die Fähigkeiten der anderen geschärft. Sinnvoll ist auch eine Übung, bei der Sie auf einer Länge von sieben bis zehn Metern Bälle in einer Reihe im Abstand von jeweils 60 Zentimeter bis zu einem Meter hinlegen. Beginnen Sie mit dem kürzesten Putt, und bewegen Sie sich dann immer weiter vom Loch weg. Das Interessante an dieser Übung ist, daß Sie sich ab einem gewissen Zeitpunkt nicht mehr der Technik bewußt sind, sondern immer selbstbewußter werden.

Arbeiten Sie am Prinzip des Pendelschlages. Je länger der Putt, desto größer auch die Schlagbewegung. Versuchen Sie stets, den Ball bis circa 50 Zentimeter hinter das Loch zu schlagen, da sich, sollte der Ball auf dem Weg verhungern, eventuelle Breaks noch mehr auswirken.

Optische Vorstellung – die Kunst, Grüns zu lesen

Wenn Sie ein Grün mit einem Break lesen, sollten Sie zunächst den Punkt anpeilen, wo der Ball zum ersten Mal bricht. Wenn Sie dieses Prinzip einhalten, müssen Sie sich nur noch über das Tempo Gedanken machen.

Nur mit Erfahrung kann man lernen, die Konturen eines Grüns richtig zu lesen. Das läßt sich leider nicht mit Hilfe eines Buches vermitteln. Ich kann Ihnen lediglich einen Rat geben, der mir auch als junger Spieler sehr geholfen hat. Noch dazu ist er ganz einfach: Behandeln Sie jeden Putt – egal, ob der Ball kleine Breaks oder Ablenkungen bewältigen muß – so, als ob es ein gerader Putt wäre. Dieser Aspekt erscheint mir sehr wichtig, da ich sehr häufig Amateurspieler kennengelernt habe, die mit den langen und mittleren Annäherungsputts offensichtlich große Probleme hatten. Glauben Sie mir, Sie können sich die Aufgabe erheblich vereinfachen, wenn Sie sich die Linie zum Loch vorstellen und auf den Punkt zielen, an dem der Putt erstmals von seiner normalen Bahn abkommen wird. Das ist Ihr Zwischenziel – sozusagen der Höhepunkt Ihres Putts.

Ich muß wohl kaum darauf hinweisen, daß das Einschätzen des Tempos der bestimmende Faktor beim Lesen der Linie ist. Je härter Sie schlagen, desto weniger wirken sich einzelne Breaks aus. Sind Sie hingegen zu zurückhaltend, dann wird der Ball womöglich aus seiner Bahn ausbrechen. Das ideale Tempo ist meiner Meinung nach dann erreicht, wenn ein Ball etwa 40 bis 60 Zentimeter hinter dem Loch liegenbleibt. Auf diese Weise haben Sie eine gute Chance, daß der Ball auf seiner Bahn bleibt. Und wenn Sie den Putt verfehlt haben sollten, dann wissen Sie zumindest, wie das Break auf dem Rückweg aussieht. Bleibt der Putt dagegen zu kurz, sind Sie auch nicht schlauer.

Häufig übersehen wird der Punkt, daß sich bei einem gebrochenen Putt das Zentrum des Lochs verschiebt. Denken Sie einmal darüber nach. Wenn Sie die Linie eines von links nach rechts brechenden Putts anschauen, dann muß der Putt in Gedanken über den linken Rand des Lochs fallen. Wenn wir das Loch einmal mit einer Uhr vergleichen und die 6-Uhr-Stellung die Lochmitte darstellt, dann würde diese bei einer starken Neigung von links nach rechts sicher an die 9-Uhr-Stellung heranrücken. Es ist wichtig, daß Sie beim Putten dies berücksichtigen.

Und noch etwas: Ich garantiere Ihnen, daß Sie Ihr Putten in naher Zukunft verbessern werden, wenn Sie versuchen, den Putt über die Seite einzulochen, die über dem Putt liegt. Das heißt, daß Sie bei einem Break von links nach rechts ganz beherzt nach links spielen sollten. Lassen Sie den Putterkopf laufen, und behalten Sie Ihre Stellung bei. Je solider der Durchschwung, desto besser auch die Qualität Ihres Schlages. Der Ball hat weitaus größere Chancen, ins Loch zu fallen, wenn er über die höhere Seite ankommt, als wenn ihm bei der Steigung die Luft ausgeht.

Strategie – nichts weiter als Routine

Der größte Druck, dem ich je während eines Putts ausgesetzt war, lastete auf mir, als ich am 18. Grün der Open Championship in Muirfield 1987 aus etwa 1,50 Meter einlochen mußte. Bei den 17 Pars, die ich mühsam aneinandergereiht hatte, mußte ich etliche Putts aus einer ähnlichen Entfernung einlochen. Doch dann, zum Gewinn meiner ersten Major Championship, wieder so ein Ding.
Ich habe ihn schließlich nur deshalb eingelocht, weil ich ihn wie jeden anderen Putt zuvor behandelte. Ich las die Puttlinie so wie bei allen kurzen Putts, und ich ging auch bei meiner Schlagroutine so vor wie sonst. Eigentlich habe ich nur ans Tempo gedacht und daß ich den Kopf ruhig halten müsse. Fatal ist stets, wenn man angesichts einer kritischen Situation anders als sonst spielt oder puttet. Sobald dies geschieht, beginnen Sie auch, sich zu verspannen. Fangen Sie also nicht an, jedes einzelne Break lesen zu wollen, wenn üblicherweise ein kurzer Blick von der Seite genügt. Keinesfalls sollten Sie plötzlich Dutzende von Übungsschwüngen machen, wenn Sie normalerweise mit einem oder zwei zufrieden sind. Entwickeln Sie eine Schlagroutine – und bleiben Sie dabei.
Sobald Sie die Puttlinie im Kopf haben, kommt alles nur noch darauf an, daß Sie das richtige Tempo finden und den Kopf ruhig halten. Sie haben keine Chance, wenn Sie anfangen, Ihr Tempo zu verlieren und mit den Augen zu blinzeln. Stehen Sie ganz normal, und halten Sie Ihre übliche Prozedur ein. Schwingen Sie

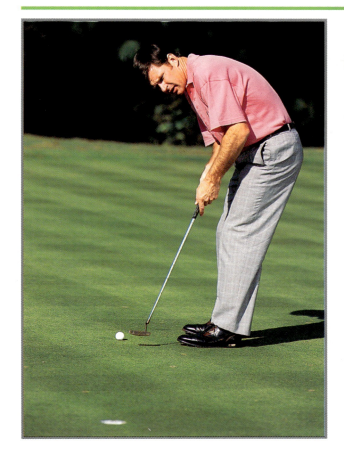 

mit Ihrem Putter so, wie Sie es viele tausend Mal auf dem Übungsgrün praktiziert haben, und denken Sie vor allem positiv. Das Schlimmste, was passieren kann, ist, das Loch zu verfehlen. Ich habe einmal gelesen, daß eine amerikanische Universität herausgefunden haben will, selbst eine Maschine würde aus einer Entfernung von etwa drei Metern nur sieben von zehn Putts einlochen. Seien Sie also nicht zu streng mit sich selbst.

Konzentration spielt eine große Rolle. Jack Nicklaus ist in dieser Beziehung ein großes Vorbild. Schauen Sie sich einmal alte Videos aus den Anfangsjahren von Jack Nicklaus an. Wie er sich über den Putt beugt – es sieht aus, als tauche er in eine eigene abgeschottete Welt ab. Er flüchtet in einen Kokon der Konzentration, den niemand aufbrechen kann. Eine fantastische Eigenschaft. Es sind genau diese Fähigkeiten, die einen guten von einem außergewöhnlichen Spieler unterscheiden, aber auch einen einstelligen Golfer von einem mittelmäßigen Spieler. Wonach Sie streben müssen, ist also, daß Sie sich auf Ihren Putt konzentrieren und alles um sich herum vergessen. Vor Ihrem geistigen Auge muß der Putt schon ins Loch fallen, noch ehe Sie ihn geschlagen haben. Selbst wenn Sie dann den Putt verfehlen, sollten Sie das Grün mit dem Gedanken verlassen, alles Mögliche getan zu haben. In der Vergangenheit habe ich leider häufig zuviel des Guten getan. Aber diese Zeiten sind vorbei. Ob ich nun auf traditionelle Weise oder mit dem umgekehrten Griff putte, meine Strategie ist ganz einfach. Ich lese die Puttlinie, richte den Putter aus, blicke noch zweimal zum Loch – und ab geht's. Ich vertraue einfach auf meinen Schlag und lasse alles Weitere laufen.

Ich habe eine ganze Reihe vermeintlich perfekter Putts nicht eingelocht. Das ist eben Golf. Immerhin weiß ich, daß ich bei jedem Schlag mein Bestes versucht und zumindest die Hälfte der Aufgabe gelöst habe.

8

Chippen und Pitchen
Das System meines kurzen Spiels

Egal, wie gut Sie den Ball treffen, letztlich entscheidet Ihre Fähigkeit, aus drei Schlägen zwei zu machen, über Ihren Score.

Nach jedem Turnier analysiere ich meine Spielstatistik. Wie oft ich die Fairways und Grüns im direkten Anspiel getroffen habe, die Anzahl der gelungenen Bunkerschläge, wie mein Durchschnitt beim Chippen und Putten aussieht – und so weiter. Es ist jedenfalls eine nützliche Hausaufgabe.

Im großen und ganzen variiert das lange Spiel sehr wenig. Zwar gehöre ich nicht zu den Spielern, die am längsten auf der Tour spielen, aber meine Drivegenauigkeit ist im allgemeinen sehr gut, und im Durchschnitt treffe ich 13 von 18 Grüns im direkten Anspiel. Auch die Art und Weise, wie ich den Ball treffe, ist eigentlich stets gleichbleibend. Warum jedoch spiele ich an einem Tag eine 68 und am nächsten Tag eine 72?

Die Zahlen sprechen für sich. Woche für Woche hängt alles von der Qualität meines kurzen Spiels ab. Das heißt, alles wird von den Schlägen in der für mich gültigen Wedgedistanz zwischen 100 und 120 Meter von der Flagge entfernt entschieden. So lange ich genug Biß habe, lande ich auf dem Grün und loche ein. Sollte ich es verfehlt haben, dann habe ich nach einem Pitch und einem guten Putt immer noch eine Birdiechance. Doch sobald ich mein Ballgefühl verliere, geht es auch mit dem Score bergab. Was eigentlich ein Par werden sollte, wird leicht ein Bogey; Birdies bleiben aus, und auch die Stimmung wird schlechter. Haben Sie ähnliches auch schon bei Ihrem Spiel erlebt?

Es machte wenig Sinn, diese Art Informationen nur zu registrieren und nicht darauf zu reagieren. Deshalb verwende ich mehr Zeit für das kurze Spiel rund um das Übungsgrün als für die langen Schläge. Natürlich experimentiere ich mit den Grundtechniken des kurzen Spiels, um herauszufinden, mit welchen Schlägen man am besten punktet. Sei es, daß man den Ball rollen läßt, sei es, daß man ihn hoch in die Luft befördert. Die Palette der Vorstellung ist riesig, wenn es auch für regelmäßiges Üben keinen Ersatz gibt.

Es ist häufig der Mangel an Vorstellungskraft und Kreativität, der einen guten von einem überdurchschnittlichen Spieler unterscheidet. Mit anderen Worten – bei den nachfolgenden Aufgaben erwarte ich von Ihnen, daß Sie erfindungsreich sind. Verändern Sie ständig Ihre Position rund um die Flagge, versuchen Sie den bevorstehenden Schlag vor sich zu sehen, und führen Sie ihn schließlich aus!

Der Chip-Putt – ebenso einfach wie effektiv

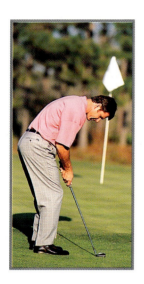

Das System meines kurzen Spiels basiert auf einer einfachen Philosophie: Wo immer möglich, versuche ich, den Ball in der Nähe des Bodens zu halten. Für mich wäre es zum Beispiel ganz einfach, jedesmal, wenn ich ein Grün verfehlt habe, ein Sandeisen rauszuholen und die Fahne hoch anzuspielen. Aber warum sollte ich solch ein Risiko eingehen, zumal es viel einfacher – und sicherer – ist, die Entfernung mit einem einfachen, „bump-and-run", d.h., einem kurzen Chip aufs Grün, der zur Fahne ausrollt, einzuschätzen ist. Da dieser Schlag auf meiner üblichen Putt-Technik basiert, geht mit diesem etwas frechen Chip-Putt meistens dann die Rechnung auf, wenn sich der Ball in der Nähe des Grünrands befindet. Mit einem mittleren bis kurzen Eisen hieve ich den Ball über unruhiges Gelände und gehe damit auch allen Unwägbarkeiten aus dem Weg. Ich ziele den Ball etwa 30 Zentimeter hinter den Grünrand, damit er dann wie ein langer Putt zum Loch ausrollen kann.

Meine Ansprechposition spiegelt deutlich meine Absichten wider. Während ich mit einer normalen Puttgriff den Schaft zur besseren Kontrolle etwas tiefer greife, nehme ich einen bequemen und leicht geöffneten Stand ein. Auch beuge ich mich wie bei einem langen Putt, was mir einerseits ein besseres Gefühl ver-

CHIPPEN UND PITCHEN • 159

schafft, andererseits dafür sorgt, daß sich meine Augen direkt über dem Ball befinden. Schließlich achte ich darauf, daß sich meine Schultern parallel zur Ziellinie ausrichten. Indem ich mich leicht zum Ziel hin neige, verlagere ich mein Gewicht etwas auf die linke Seite.

Beachten Sie, daß der Schläger im Ansprechmoment mit der Spitze aufsitzt, was durchaus beabsichtigt ist. Wenn Sie den Ball zur Spitze der Schlagfläche hin treffen, schwächen Sie den Schlag ab, so daß Sie leichter die Geschwindigkeit einschätzen können, mit der der Ball vom Schläger geht und auf dem Grün rollt. Aus dieser Haltung heraus bin ich in der Lage, mit meinen Armen und Schultern einen einfachen, unbehinderten Pendelschlag zu machen. Der leichte Griffdruck ermöglicht im Moment des Richtungswechsels einen minimalen Handgelenkseinsatz, auch wenn die Gelenke während des ganzen Schwungs passiv bleiben. Ein etwas geöffneter Stand hilft, daß man den Schlägerkopf frei in Richtung Ziel laufenlassen kann; der Ball wird sauber vom Boden abheben.

Um Ihr Ballgefühl zu schärfen, sollten Sie zunächst nur mit drei Schlägern trainieren. Beginnen Sie mit den Eisen 6 und 8 sowie einem Wedge, wobei Sie zwischen diesen Schlägern zufällig hin- und herschalten sollten. Ziel und Zweck der Übung ist, jeden Ball etwa in der gleichen Entfernung auf dem Grün zu plazieren und einen flüssigen und wiederholbaren Schlag zu entwickeln.

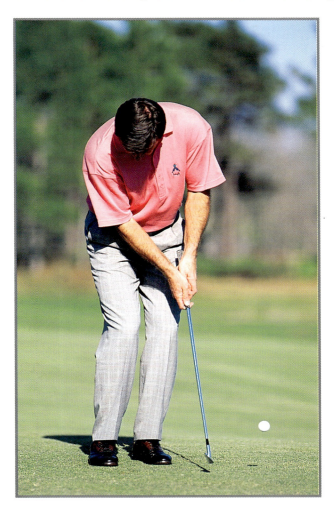

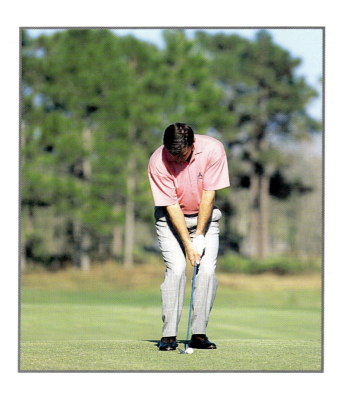

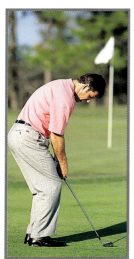

Der Chip-Schlag – eine vielseitige Technik

Ich mag die simple Art, mit der der Chip-Putt die Prinzipien dieses Schlags vermittelt. Doch leider bleibt sein Einsatz auf den unmittelbaren Grünbereich beschränkt. Je weiter Sie vom Grün entfernt sind, desto mehr müssen Sie über die Länge Ihres Schwungs und den Einsatz Ihrer Handgelenke nachdenken. Wichtig dabei ist, zu wissen, wie man seine Ansprechposition so anpaßt, daß man eine gute Spieltechnik mit Gefühl verschmelzen kann. Tatsächlich muß man in der Regel nur zwei Änderungen vornehmen.

Erstens müssen Sie beim Ansprechen aufrechter am Ball stehen, damit Ihre Arme frei vor Ihrem Körper baumeln können. Zweitens sollten Sie jetzt wieder auf Ihren normalen Griff umschalten.

Um einen normalen Chip-Schlag zu trainieren, würde ich ebenfalls empfehlen, das Eisen etwas tiefer zu greifen. Im oben abgebildeten Beispiel spiele ich mit einem 9er Eisen und öffne meinen Stand sehr weit im Verhältnis zur Ziellinie. Dies gibt meinen Armen den Platz, den sie für einen unbehinderten Schlag zum Loch benötigen. In diesem Fall spiele ich den Ball ein wenig weiter zum rechten Fuß hin, so daß sich meine Hände automatisch etwas vor dem Ball befinden. Diese Stellung sichere ich mit Hilfe meiner Kniebeugung und einer leichten Neigung zum Ziel hin.

Nachdem ich so meine Aktionen festgelegt habe, ist es für einen guten Schwung entscheidend, daß ich mich auf meinen Oberkörper konzentriere. Ihre Schultern, Arme und Hände übernehmen – genau in dieser Reihenfolge – die Arbeit. Auch hier erfolgt wieder eine Kettenreaktion.

Um das ganze Räderwerk in Bewegung zu setzen, drehen Sie mit Ihren Schul-

CHIPPEN UND PITCHEN • 161

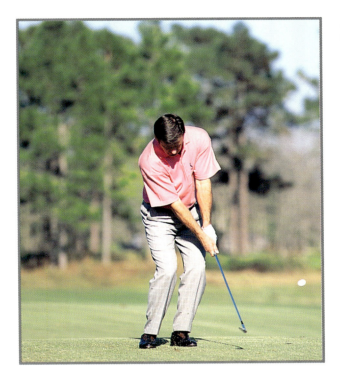

tern, und lassen Sie Arme und Hände im Einklang mit der Schwungkraft zurück und nach vorne schwingen. Solange Sie einen gefühlvollen Griffdruck aufrechterhalten, werden Sie spüren, wie Sie Ihre Handgelenke leicht abwinkeln und zwischen Rück- und Durchschwung eine minimale Verzögerung verursachen. Das ist letztlich das Geheimnis eines klassischen Chips. Ist Ihr Schwung nun lang oder kurz, wenn Sie dieses Spiel der Handgelenke beherrschen, werden Sie auch die Geschwindigkeit des Schlägerkopfes im Treffmoment kontrollieren können. Lassen Sie Arme und Hände den Weg weisen, und versuchen Sie zu spüren, wie der Schlägerkopf sowohl den Ball vom Boden hebt als auch sanft den Rasen streicht.

Manche vertreten die Meinung, die Handgelenke müßten beim Chippen passiv bleiben, was ich allerdings verneine. Wenn Sie die Handgelenke vom übrigen Schwung trennen, wird sich Ihr Schlag hölzern anfühlen. Sie wollen vielmehr, daß Ihr Schwung flüssig abläuft, ein Qualitätsmerkmal, das aus dem natürlichen Abwinkeln und Beugen Ihrer Handgelenksmuskeln während des Richtungswechsels resultiert.

Nehmen Sie einen Korb voller Bälle, und versuchen Sie dieses sensible Gefühl zu entwickeln. Konzentrieren Sie sich darauf, jedesmal den gleichen weichen Schlag zu vollführen, wobei Sie verschiedene Eisen einsetzen sollten, damit Sie auch die Flugbahn variieren können. Denken Sie daran, Länge und Geschwindigkeit des Schwungs durch die Drehbewegung Ihres Rumpfes zu kontrollieren – das ist ein hilfreiches Bild. Winkeln Sie Ihre Handgelenke ganz natürlich ab. Nur so verbessern Sie Ihren allgemeinen Schlagrhythmus. Im Finish sollten Sie so lange ausharren, bis Sie sehen, wie sich der Schlag entwickeln wird.

Experimentieren Sie mit einer Reihe von Schlägern, und versuchen Sie, ein Gefühl für diesen heiklen Bereich zu entwickeln.

162 • EIN SCHWUNG FÜRS LEBEN

Kontrollieren Sie die Entfernung durch die Flugbahn

Ein Gefühl der Kontrolle: „Drehen" Sie Ihre rechte Hand, damit der Ball flach ausrollt,...

Ein ganzes Kapitel könnte ich mit den unterschiedlichen Varianten des Chippens füllen. Aber ich will Ihnen nicht den Spaß verderben. Jetzt, da Sie das Grundwissen für einen guten Schlag haben, sollten Sie auf den Platz gehen und herausfinden, auf welche verschiedene Arten Sie den Ball zum Loch befördern können. Fördern Sie nicht nur Ihre Technik, sondern auch Ihre Vorstellungskraft. Beginnen Sie am Grünrand, wobei Sie zwischen Eisen 6 und Wedge mit allen Schlägern arbeiten sollten, damit Sie verstehen lernen, wie sich das Flug- und Rollverhalten eines jeden Schlägers unterscheidet. Variieren Sie auch mit der Entfernung, und schlagen Sie jeweils vier bis fünf Bälle pro Eisen. Rund ums Grün nutze ich überwiegend die Eisen 6 und 8 sowie den Wedge. Mit jedem dieser Schläger trainiere ich so lange, bis ich genau weiß, welches Ergebnis ich erziele. Anschließend übertrage ich dieses Wissen auf den Platz.

Um ein vorhersehbares erstes Auftreffen zu garantieren, ziele ich in der Regel auf eine Stelle am Grünrand und stelle mir die Linie vor, auf der der Ball zum Loch hin rollt. Wenn ich eine Entfernung von zehn bis 15 Meter vor mir habe, entscheide ich mich meistens für die Schläger mit einem steilen Loft – sagen wir Eisen 6 oder 8. Ich stelle mir den Schlag so vor, daß er mehr Strecke auf dem Bo-

CHIPPEN UND PITCHEN • 163

den als in der Luft zurücklegt. Ganz anders ist meine Strategie, wenn sich das Loch unmittelbar am Grünrand befindet. In diesem Fall würde ich einen Wedge mit viel Loft wählen, um einen Schlag zu machen, der schnell nach seiner Landung am Grünrand liegenbleibt. Die grundsätzliche Chip-Technik bleibt aber dieselbe. Nun sollten Sie rausgehen und Ihre eigene Schlagpalette herausfinden.

Mit steigendem Selbstbewußtsein wächst auch Ihr Ehrgeiz. Arbeiten Sie mit dem Ball, und stellen Sie sich vor, einen Draw in Miniaturformat zu spielen. Drehen Sie dazu Ihre rechte Hand im Treffmoment über die linke. Auf diese Weise geben Sie dem Ball einen Vorwärtsdrall mit auf den Weg, was vor allem dann sehr hilfreich ist, wenn Sie in den Wind spielen müssen oder der Ball nach seiner Landung aufwärts rollen muß.

Auf der anderen Seite der möglichen Spielarten könnte es nötig sein, daß Sie den Ball ein wenig bremsen müssen. Das erreichen Sie mit einem Slice, der für Backspin sorgt. Um dies zu erreichen, ist es am besten, den Ball aus dem vorderen Bereich Ihrer Standposition zu schlagen und zu versuchen, die Schlägerfläche im Treffmoment offen zu halten. Bei dieser Variante ist es erforderlich, die rechte Hand leicht unter die linke zu bewegen. Ein gutes Gefühl für diesen Schlag bekommen Sie, wenn Sie die Hacke des Schlägers quer über den Ball ziehen und das linke Handgelenk dabei ganz fest halten.

... und halten Sie die Schlagfläche offen, wenn der Ball höher fliegen soll.

Pitch-Schläge – denken Sie an „Bauch" und „Knöpfe"

Alle Schläge des kurzen Spiels sind miteinander verwandt. Aus dem Chip-Putt entwickelte sich der Schwung des normalen Chips. Und jetzt erreichen wir, einfach nur durch Verlängerung des Schwungs und durch verstärkten Handgelenkseinsatz, die Regionen des Pitches, das heißt, Bälle, die zwischen 30 und 70 Meter weit fliegen. Auch beim Einsatz des Wedges oder des Sandeisens stehe ich mit meinen Füßen und Hüften im Verhältnis zum Ziel recht offen da. Doch je weiter ich vom Grün entfernt bin, desto mehr nehmen meine Schultern eine Position square zur Linie zum Ziel ein. Auf diese Weise kann ich den Schläger auf einer guten Ebene zurück und wieder nach vorne schwingen. Bei einem normalen Schlag spiele ich den Ball aus der Mitte meines Standes. Wenn ich meine Knie beuge, verlagere ich auch hier mein Gewicht auf die linke Seite. Wiederholen Sie diesen Bewegungsablauf vor einem Spiegel.

Am wichtigsten ist freilich, daß Sie über dem Ball ganz entspannt sind. Greifen Sie, um ein besseres Gefühl der Kontrolle zu haben, den Schläger ruhig zwei bis drei Zentimeter tiefer.

Nun sind Sie spielbereit. Wichtig ist, daß Sie Ihren Oberkörper über das Funda-

ment aus Knien und Hüften drehen, wobei Sie den Schläger mit einem guten Handgelenkseinsatz auf die richtige Schwungebene bringen. Beim Pitch nutzen Sie ohnehin einen der steilsten Schläger aus Ihrem Sortiment, weshalb der Schwung ganz automatisch recht steil ausfallen wird. Wenn Sie den Schläger richtig zurückgeschwungen haben, wird er sich leicht und ausbalanciert anfühlen. Dieses Gefühl ist ein deutliches Zeichen dafür, daß sich Ihr Schwung auf dem richtigen Weg befindet. Von hier aus können Sie zuversichtlich sein, diesen für einen Pitch typischen Ball-Boden-Schlag durchführen zu können.
Konzentrieren Sie sich vor allem auf Genauigkeit, und achten Sie bei einem Dreiviertel-Schwung besonders auf die Beschleunigung durch den Ball und die Drehung des Körpers. Mein Schwunggedanke heißt in diesem Fall „Bauch…und Knöpfe". Das heißt nichts weiter, als daß ich mich darauf konzentriere, meinen Bauch vom Ball wegzudrehen und eine Endposition anstrebe, bei der meine Hemdknöpfe zum Loch zeigen. Mit Hilfe dieser Eselsbrücke stimmt mein Körpereinsatz und sorgt zudem für einen guten Rhythmus. Arbeiten Sie beim Training daran.

Kontrollieren Sie die Distanz Ihres Schwungs mit der Drehbewegung Ihres Oberkörpers. Die Geschwindigkeit im Treffmoment hängt von Ihrem Körpereinsatz ab, nicht jedoch von der Geschwindigkleit Ihrer Hände.

ÜBUNG

So verbessern Sie Ihren Schlag

Gute Spieler sind beim Pitchen besonders aggressiv. Ein gutes Beispiel hierfür ist mein Ryder-Cup-Partner José Maria Olazàbal. Beobachten Sie ihn, wie er sich durch den Ball bewegt und ihn mit Spin zum Grün „pfeffert". Auch Nick Price aus Simbabwe legt eine ähnlich saubere Technik an den Tag. Wesentlich dabei ist, daß Sie der Schlägerfläche vertrauen und sich zwingen, nach unten und durch den Ball zu schlagen.

Hier nun eine Übung, die Ihnen helfen wird, aggressiver zu werden. Nehmen Sie die für einen Pitch übliche Ansprechposition ein, heben Sie dann Ihre rechte Ferse einige Zentimeter vom Boden ab, und versuchen Sie, die Ferse während des Schwungs oben zu lassen. Da nun

der größte Teil Ihres Gewichtes auf der linken Seite lagert, müssen Sie sich nur darauf konzentrieren, Ihren Oberkörper zurück und in Richtung Ziel zu drehen. Denken Sie an die Eselsbrücke „Bauch…und… Knöpfe". Drehen Sie Ihren Bauch ganz bewußt vom Ziel weg und wieder hin, wobei Sie Ihre Arme der Bewegung ganz natürlich folgen lassen. Winkeln Sie Ihre Handgelenke wie üblich ab, und schwingen Sie ganz bewußt nach unten und durch den Ball. Haben Sie keine Angst davor, hart zuzuschlagen. Nehmen Sie ein Wedge oder ein Sandeisen, und versuchen Sie etwa 8 Zentimeter lange Divots aus dem Gras zu schneiden (dies sind kleine Schnitzer, keine Steaks!).

Wichtig ist, daß Sie ein Gefühl für den Ball bekommen. So lange Sie Ihren linken Unterarm mit derselben Geschwindigkeit durch den Treffmoment führen wie Ihren Bauch, wird die Schlägerfläche korrekt ausgerichtet sein, was in diesem Fall einen sauberen Ball-Boden-Schlag zur Folge hat.

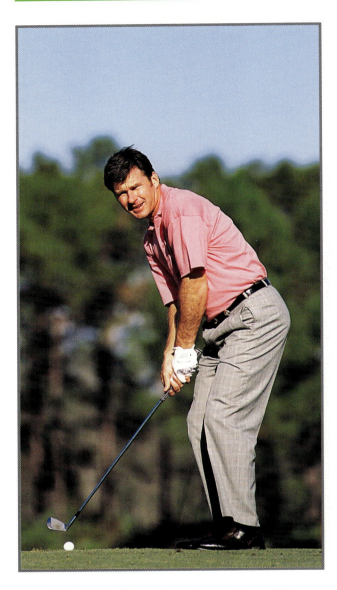

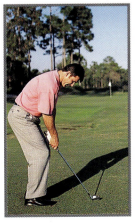

Der Punch-Schlag – eine sichere Waffe

Während des Lernprozesses, bei dem Sie Ihre Fähigkeiten beim kurzen Spiel verbessern, werden Sie rasch einen Lieblingsschlag entwickeln. Für mich ist es der Punch mit dem Wedge, eine Unterart des klassischen Pitch-Schlages. Dabei bleibt das Schlägerblatt geschlossen, wodurch der Ball niedrig und mit viel Spin fliegt. Diesen Schlag wende ich in dem mitunter heiklen Bereich von 50 bis 70 Meter an, vor allem dann, wenn ich gegen den Wind ankämpfen will.

Wie bei den meisten Schlägen aus kurzer Distanz spreche ich den Ball in der Weise an, daß ich mein Gewicht mehr auf die linke Seite verlagere. Der Ball liegt etwas mehr zum rechten Bein hin, während meine Hände leicht vorgelagert sind. Wie immer ist alles auf den Treffmoment ausgerichtet. Das Geheimnis dieses Schlages ist, daß man bei der Beschleunigungsphase in genau diese Stellung zurückkehrt und der Ball wie durch einen Boxhieb nach vorne schnellt.

CHIPPEN UND PITCHEN • 169

Die Bewegung meiner Arme resultiert wie immer aus der Aktion meiner Schultern und des Oberkörpers. Da ich mich auf einen kompakten Dreiviertel-Schwung beschränke, konzentriere ich mich auf das Abwinkeln der Handgelenke im Rückschwung. Diesen Winkel behalte ich bis zum Treffmoment bei. Das auf die linke Seite verlagerte Gewicht sorgt für einen steilen Abschwung, der für diesen Schlag auch erforderlich ist. Ich habe dabei das Gefühl, daß mein Oberkörper den Schlag abdeckt, während meine Hände und Unterarme den Schlägerkopf beherrschen.

Den Punch versteht man am besten, wenn man sich den Körpereinsatz von vorne ansieht. Schauen Sie, wie sich mein Körper aus dem Weg dreht und ich meine Hände und Unterarme nach links durch den Ball ziehe; wichtig ist, daß der Schlägerkopf im reduzierten Dreiviertel-Finish meine Hände nicht überholt. Mein Brustkorb zeigt nun zum Ziel. Der so getroffene Ball fliegt niedrig, kommt einmal auf und bleibt nach einem zweiten Hüpfer schnell liegen.

Bei Wind müssen Sie die Flugbahn Ihres Balls unter Kontrolle haben. Die Punch-Technik ermöglicht, daß der Ball kaum mehr als acht Meter fliegt und dann recht schnell liegenbleibt.

ÜBUNG

Nehmen Sie ein Handtuch, und bleiben Sie „in Verbindung"

Ein immer wiederkehrendes Thema dieses Buches ist die Bedeutung, die ich den großen Körpermuskeln bei der Kontrolle der Schwunglänge beimesse. Auch das kurze Spiel bildet hier keine Ausnahme. Deshalb halte ich die „Handtuch-Übung" für eine der besten Methoden, die Pitch-Technik auszufeilen. Doch beachten Sie – diese Übung eignet sich nur für kurze Schläge aus 40 bis maximal 55 Meter.

Und so funktioniert sie: Klemmen Sie sich ein Handtuch quer unter die Achseln beider Arme, und nehmen Sie eine normale Ansprechposition ein. Nun sollten Sie versuchen, einen weichen Dreiviertel-Schwung durchzuführen. Winkeln Sie auch Ihre Handgelenke ab, um den Schläger in der richtigen Ebene zu halten, und bekommen Sie ein Gefühl für diese Verbindung, während Sie den Oberkörper über den Wider-

stand Ihrer Knie und Hüften drehen. Belassen Sie das Handtuch im Rück- und Durchschwung an Ort und Stelle. Bei dieser Übung konzentrieren sich meine Gedanken ausschließlich auf den reinen Schlag und darauf, wie der Schlägerkopf bis zu einem ausbalancierten Finish schwingt. David Leadbetter empfahl mir, sowohl die Distanz meiner Schläge als auch den Spin, den ich jedem Pitch mit auf den Weg gebe, ausschließlich mit meiner Körpergeschwindigkeit zu beeinflussen. Er sagte mir, ich solle mir vorstellen, daß ein „40 Yard langer Pitch eine Schwunggeschwindigkeit von 40 Meilen brauche, ein 50-Yards-Pitch 50 Meilen und so weiter". Dieses Tachometerprinzip ist sicher sehr effektiv und symbolisch zu verstehen. Indem Sie sich auf die Drehgeschwindigkeit Ihres Körpers konzentrieren, rufen Sie in Gedanken ein grafisches Bild ab, das Sie auch auf jeden anderen partiellen Schlag übertragen können. Das Tempo, mit dem Sie den Schläger laufen lassen, entscheidet letztlich über die Quantität des Spins: Je schneller also der Schläger, desto mehr Backspin hat der Ball.

Der volle Schlag mit dem Wedge – so beeinflussen Sie Spin und Distanz

Normalerweise habe ich einen Pitching-Wedge mit 49 Grad Loft, einen normalen Wedge mit 53 Grad sowie einen Sandwedge mit 60 Grad Loft in der Golftasche. Mit dieser Ausstattung bin ich flexibel und kann die Fahne hoch angreifen. Der Schlüssel ist nun, herauszufinden, welcher Schläger einem am besten liegt und welche Längen Sie mit welchem Schläger erzielen. Bei einem vollen Schwung erziele ich mit dem Pitching-Wedge eine Distanz von rund 115 Meter, aber meine beste Distanz, bei der ich den Schlag voll unter Kontrolle habe, liegt bei 110 Meter. Ähnlich verhält es sich mit meinem mittleren Wedge, der ebenfalls mit einem vollen Schwung eine maximale Reichweite von 100 Meter hat, meine „beste" Länge aber bei 95 Meter liegt. Bei dieser Entfernung sind meine Schläge am genauesten. Und schließlich gibt es noch den Sandwedge mit 60 Grad Loft, der ebenfalls eine maximale Reichweite von 68 Meter hat, ich aber meine besten Ergebnisse um 64 Meter erziele.

Attackieren kann ich dann am besten, wenn ich mit einem Wedge aus etwa 95 Meter Entfernung schlage. Und genau auf diesen Schlag bin ich auf dem Platz aus. So errechne ich mir bei einem Par-4-Loch, wie weit ich vom Tee schlagen muß, damit nur exakt die bewußten 95 Meter zur Fahne bleiben. Desgleichen bei einem Par 5, bei dem man mit zwei Schlägen nicht das Grün erreichen kann. Auch hier versuche ich, die 95-Meter-Linie anzupeilen.

CHIPPEN UND PITCHEN • 173

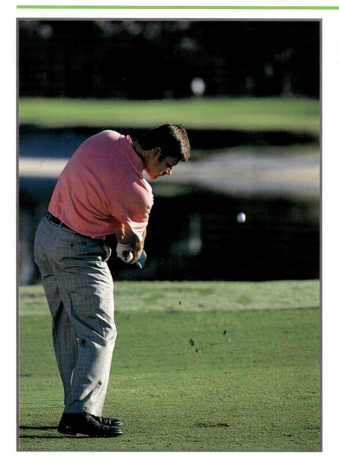
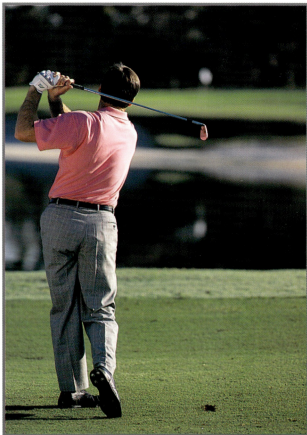

Dieses Jonglieren mit den Entfernungen ist ein Schlüsselelement bei der Strategie eines Profispielers. Auch Sie sollten es sich zu eigen machen. Nehmen Sie zwei oder drei Wedges, die Ihnen besonders liegen, und trainieren Sie so lange, bis Sie bei jedem Schläger genau wissen, wie weit Sie schlagen. Dies ist letztendlich wichtig, wenn Sie punkten wollen.

Allerdings sollten Sie die Zwischenschläge nicht außer acht lassen. Denn egal, wie präzise Ihr Schlachtplan aussieht, Sie werden sicher auch an Stellen liegen, wo Zwischenlängen gefragt sind. Spätestens dann sollten Sie wissen, wie Sie Ihre Länge variieren können. Dazu gibt es mehrere Möglichkeiten. Eine davon ist, etwas tiefer zu greifen. Versuchen Sie, Ihren Griff zwei, fünf oder sieben Zentimeter tiefer anzulegen. Mit jedem Schritt verkürzen Sie gewissermaßen die Schaftlänge, ohne Ihren Schwung anpassen zu müssen. Automatisch wird sich die Schlägergeschwindigkeit reduzieren, und die Bälle werden niedriger fliegen. Das ist das Schöne an dieser Methode: Wenn Sie die notwendigen Anpassungen einmal vorgenommen haben, können Sie wie gehabt aggressiv schlagen.

Zusätzlich zum kürzeren Griff nehme ich auch einen engeren Stand ein. Den Ball spiele ich vom rückwärtigen Bereich, also aus der Nähe meines rechten Fußes. Auf diese Weise behalte ich besser die Kontrolle.

Und hier noch eine fortgeschrittene Technik: Das Tachometer-Prinzip läßt sich noch weiter ausdehnen. So kann man Länge und Spin mit Hilfe der Geschwindigkeit des Schlägerkopfes im Treffmoment beeinflussen. Wenn ich also einen Ball mit viel Spin wünsche, der schnell zum Halten kommen soll, dann lasse ich

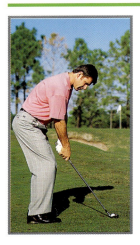

den Schlägerkopf scharf und schnell fliegen. Umgekehrt, wenn ich einen Ball spielen will, der noch ein paar Meter auf dem Grün ausrollen soll, dann nehme ich meinen Körpereinsatz zurück. Das hat dann den Effekt, daß sich die Schwunggeschwindigkeit im Treffmoment reduziert. Ergebnis – der Ball fliegt weicher und verfügt über weniger Spin.

Auf einen Nenner gebracht heißt dies, daß die Fähigkeit, die Beschleunigung durch den Ball zu kontrollieren – und auch zu fühlen – der Schlüssel zu einem guten kurzen Spiel ist. Hören Sie auf das Geräusch, das der Ball verursacht, wenn er die Schlägerfläche verläßt. Versuchen Sie, bestimmte Geräusche mit bestimmten Schlagarten zu assoziieren. Seien Sie erfinderisch. Haben Sie vor allem keine Angst davor, die verschiedenen Varianten der Ballposition und Gewichtsverlagerung auszuprobieren.

Wenn die Flugbahn meiner Bälle niedriger sein soll, spiele ich den Ball etwas mehr zum rechten Fuß hin. Gleichzeitig verlagere ich mein Gewicht auf die linke Seite. Beim Schwung selbst fühle ich, wie mein Oberkörper den Schlag beherrscht. So konzentriere ich mich darauf, daß meine Schultern eine ganze Drehung vollziehen und ich den Schläger im Auf- und im Abschwung noch mehr als sonst um meinen Körper herumschwinge. Diese Rotationsbewegung läßt sich im Treffmoment in der Weise ablesen, daß der Schlägerkopf über den Ball

dreht und ihn auf eine niedrige Draw-Flugbahn schickt. Ich vollende diese Bewegung mit einem Dreiviertel-Durchschwung.

Will ich hoch spielen, dann öffne ich einfach nur meinen Stand, verteile das Gewicht mehr auf beide Beine und positioniere den Ball näher zum vorderen Fuß. Diese Modifikationen sorgen automatisch dafür, daß meine Hände hinter dem Ball bleiben und erhöhen letztlich den effektiven Loft der Schlagfläche. Der Schwung ist nun hauptsächlich eine Angelegenheit der Hände und Arme. Dabei versuche ich, meinen Körper ganz ruhig zu halten. Die offene Schlagfläche kostet freilich Weite, weshalb Sie hart zuschlagen müssen. Außerdem wird der Ball zu einem leichten Spin von links nach rechts neigen.

Wenn Sie allerdings diese Modifikationen übertreiben, kommen Sie schnell in den Bereich des Lobs, der, richtig eingesetzt, einer der Rettungsschläge im Golf ist, der zur größten Befriedigung beiträgt. Freilich benötigen Sie für diesen Schlag ein recht dickes Graspolster, doch wenn die äußeren Bedingungen stimmen, wird der Ball nicht nur fast senkrecht nach oben steigen, sondern auch sehr schnell stoppen. Spielen Sie mit einem Wedge oder einem Sandeisen, und öffnen Sie Ihren Stand sowie die Schlägerfläche, als ob Sie aus dem Bunker spielen wollten. Sorgen Sie dafür, daß Ihre Hände und Handgelenke entspannt bleiben.

Mit einem Wegde sollten Sie mit den verschiedenen Möglichkeiten der Ausrichtung und der Ballposition so lange experimentieren, bis Sie den Punch-Schlag sowohl als niedrigen Ball als auch als Lob spielen können.

9
Bunker Training

Es gehört zu den besonderen Fähigkeiten eines guten Bunkerspielers, genau zu wissen, wie der Ball bei einer bestimmten Lage reagieren wird. Entsprechend stellt er sich auch den Schlag vor.

Eigentlich ist mir ein Schlag aus dem Bunker viel lieber als eine Rettungsaktion aus unübersichtlicher Roughlage. Unter der Voraussetzung, der Ball liegt gut und frei im Bunker, kann ich im Sand ziemlich aggressiv schlagen. Ich weiß, daß ich dem Ball Spin geben und ihn außerdem nah ans Loch spielen kann. Im Rough hingegen läuft man immer Gefahr – selbst bei den kürzesten Schlägen –, einen Überflieger zu produzieren. Und genau diese Ungewißheit trägt wenig dazu bei, die Kontrolle und das Selbstvertrauen zu stärken.

Kontrolle – für mich ist es das entscheidende Schlüsselwort. Wenn es überhaupt ein Geheimnis für ein gutes kurzes Spiel aus den verschiedenen Lagen rund ums Grün gibt, dann kann dies nur die bewußte Kontrolle des Schlägerkopfes im Treffmoment sein. Sandschläge sind in dieser Hinsicht einzigartig. Man macht sich den sogenannten Aufpralleffekt zunutze, indem man mit seinem Sandeisen einen flachen Divot unterhalb des Balls aus dem Sand schneidet und den Ball auf diese Weise in die Luft befördert. Tatsächlich berührt der Schlägerkopf den Ball überhaupt nicht. Indem man den Sand förmlich als Stoßdämpfer einsetzt, spuckt er ihn im wahrsten Sinne des Wortes mit heraus.

Wenn Ihr Bunkerspiel Sie zu viele Schläge kostet, sollten Sie Ihre nächste Golfpartie absagen und statt dessen ein paar Stunden mit den nachfolgenden Übungen zubringen. Mehr brauchen Sie nicht, um einige grundsätzliche Fähigkeiten zu erlangen. Mit wachsendem Selbstvertrauen steigen auch Ihre Ansprüche an sich selbst. Sie werden sich nicht mehr nur damit begnügen, das Grün zu treffen, Sie werden viel mehr darauf aus sein, den Ball wie die Profis ganz nah am Loch zu plazieren.

Der Splash-Schlag – öffnen Sie zunächst die Schlägerfläche

Wenn man danach strebt, einen guten Score zu erzielen, ist der normale Splash-Schlag sicher der wichtigste Recovery-Schlag überhaupt. Die Lehrbücher fordern hier einen flachen Schwung, bei dem man die offene Schlägerfläche unter dem Ball hindurchführt. So einfach dies klingen mag, der Schlüssel dazu ist nur Ihr Griff. Lassen Sie mich vorführen, was ich damit meine. Bei einem normalen Schlag aufs Grün öffne ich meinen Stand etwa 30 Grad zum Ziel und verlagere mein Gewicht etwas auf die linke Seite. Ich beuge meine Knie, wobei ich meine Füße etwas in den Sand grabe, um einen sicheren Stand zu haben. Der Ball befindet sich gegenüber der Innenkante meines linken Fußes. Dann drehe ich den

Das Sandeisen ist so gestaltet, daß der rückwärtige Flansch niedriger ist als die Führungskante des Schlägers. Auf diese Weise entsteht ein Abpralleffekt – freilich nur dann, wenn Sie den Schläger richtig einsetzen.

BUNKER TRAINING • 179

Während des Trainings sollten Sie mit Linien im Sand erkennen lernen, wie sich Körper, Schlagfläche und Ziel zueinander verhalten.

Schlägergriff so lange mit meinen Fingern, daß die Schlägerfläche im Verhältnis zu meinem Körper eine offene Stellung einnimmt, im Verhältnis zur Ziellinie jedoch square liegt. Erst dann schließe ich meinen Griff und nehme die Schlaghaltung ein. Ich kann gar nicht genug betonen, wie wichtig diese Prozedur ist: also – zunächst die Schlägerfläche öffnen, dann erst greifen. Um sich dies anzugewöhnen, empfiehlt es sich, den Schläger zunächst mit der rechten Hand zu greifen und so lange in der Hand zu drehen, bis die Schlagfläche geöffnet ist. Dann erst greifen Sie mit Ihrer linken Hand den Schläger.

Folgen Sie Ihrem Körper, und halten Sie die Schlägerfläche geöffnet

Wenn Sie die Treffmoment-Stellung gut vorbereitet haben, ist ein guter Schwung ganz einfach. Folgen Sie nur der Linie Ihres Körpers, und konzentrieren Sie sich auf einen Punkt, der sich ein paar Zentimeter hinter dem Ball befindet. An diesem Punkt gleitet Ihr Schläger in den Sand ud schneidet ein Sandpolster heraus. Achten Sie darauf, daß Ihre Arme und Handgelenke locker bleiben, während Ihre Schultern sich zurück und durch den Treffmoment drehen. Wichtig ist auch, daß Sie im Finish innehalten, um ein Gefühl für Rhythmus und Balance zu bekommen.

Um schließlich die Entfernung zu regeln, würde ich versuchen, anzustreben, immer die gleiche Menge Sand zu schlagen, aber die Geschwindigkeit des Schlä-

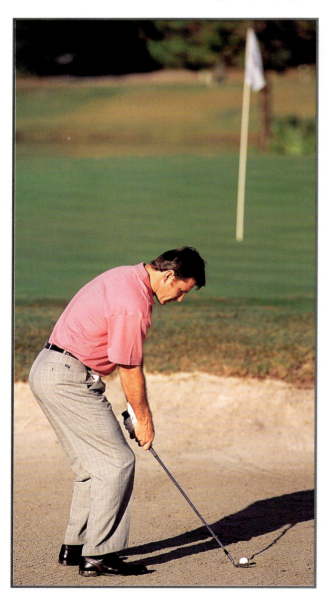
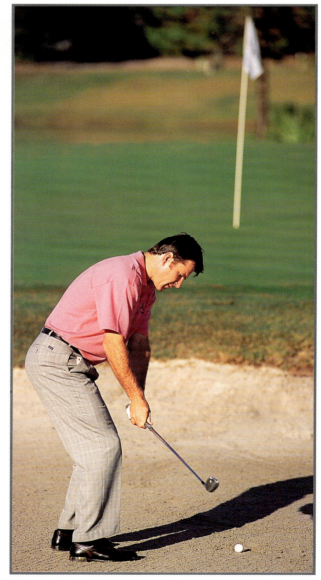

BUNKER TRAINING • 181

gerkopfes im Treffmoment zu variieren. Sie werden bemerken, daß dasselbe „Tachometer-Prinzip" wie beim Pitch vom Fairway anwendbar ist. In diesem Zusammenhang öffne und schließe ich je nach Bedarf die Schlägerfläche. Wenn sich einerseits das Loch zum Beispiel nah am Bunker befindet, würde ich eine sehr offene Schlagfläche einsetzen. Andererseits, wenn der Ball noch etwas rollen soll, schließe ich die Fläche minimal.

Entdecken Sie die ganze Palette der Möglichkeiten. Gehen Sie raus auf die Übungswiese, mischen Sie alle Zutaten zusammen, und finden Sie Ihre eigene Spielpalette heraus.

Doch bedenken Sie: Egal, ob Sie hart oder weich zuschlagen, wichtig ist, daß Sie den Schlägerkopf immer unter dem Ball beschleunigen. Üben Sie nicht zuviel Druck auf den Griff aus, sondern versuchen Sie statt dessen, bewußt Ihre Hände zu spüren, wenn Sie in den Sand schlagen.

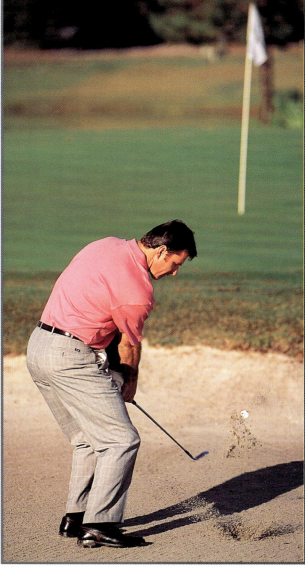

Denken, zuhören und daraus lernen

Die verschiedenen Geräusche, die ein Ball macht, spielen bei den Annäherungen eine große Rolle. Besonders rund ums Grün, wo es auf Gefühl und auf bewußtes Spiel ankommt, assoziiere ich bestimmte Geräusche mit bestimmten Schlägen. Sie ergänzen mein Gefühl der Kontrolle.

Beim nächsten Training sollten Sie ein Experiment wagen. Schwingen Sie die ersten zwei bis drei Minuten nur mit Ihrer rechten Hand. Lassen Sie den Ball aus dem Spiel, und konzentrieren Sie sich vielmehr darauf, den „dicken Flansch" durch den Sand zu ziehen. Öffnen Sie die Schlägerfläche, und lauschen Sie auf das Geräusch des Sandes. Wenn Sie Ihre rechte Hand richtig laufenlassen, dann wird die Schlägerfläche einen ordentlichen Schnitt durch den Sand machen. Es wird gar nicht lange dauern, bis Sie erkennen, was ein guter Schlag ist. Trainieren Sie ruhig auch an verschiedenen Stellen des Bunkers. So wird sich der Schläger selbstverständlich bei einer Steigung tiefer eingraben als auf flachem Untergrund. Man muß sich nur daran gewöhnen. Etwas anders ist die Sache bei einer Abwärtslage; in diesem Fall müssen Sie den Schläger ganz bewußt dazu bringen, sich einzugraben.

Lassen Sie uns noch einen Schritt weitergehen. Um eine 100prozentige Schlä-

Das Gute an der Übung, bei der Sie den Schläger nur mit der rechten Hand halten, ist, daß Sie eine bessere Technik entwickeln und gleichzeitig ein Gefühl für den Schlägerkopf bekommen, ohne darüber nachzudenken.

BUNKER TRAINING • 183

gerkontrolle zu haben, müssen Sie herausbekommen, wo sich genau der tiefste Punkt Ihres Schwungradius befindet. Die oben gezeigte Übung wird Ihnen helfen, dieses bewußte Gefühl zu entwickeln. Sprechen Sie den Ball wie für einen Bunkerschlag üblich an; dann ziehen Sie eine Linie exakt in der Mitte Ihres Standes. Betrachten Sie diese Linie nun als Ihr Ziel. Machen Sie dann einige Übungsschwünge, und schneiden Sie einen flachen Divot aus dem Sand. Jedesmal sollte die Rückseite der Schlägerfläche auf diese Linie treffen.

Wenn Sie bei dieser Übung einigermaßen präzise geworden sind, sollten Sie ein paar Bälle einige Zentimeter vor der Linie plazieren und sie dann nacheinander wegspielen. Denken Sie wieder an die Linie und den flachen Divot. Über die Bälle brauchen Sie sich keine Gedanken zu machen – so lange Sie Ihren Teil richtig erledigen, wird Ihr Ball jedesmal aus dem Sand fliegen. Mit einer athletischen Beugung der Knie halten Sie Ihr Gleichgewicht. Länge und Geschwindigkeit des Schwungs sind für die Weite verantwortlich. Versuchen Sie, in einen Rhythmus zu kommen, bei dem Sie sich nicht nur gut fühlen, sondern der auch gut klingt.

Der Spin – öffnen Sie die Schlagfläche

Nachdem Sie nun zuversichtlich genug in den Sand schlagen und auch der Schlagfläche vertrauen, lassen Sie uns einmal überlegen, zu welchen Kunststücken Sie fähig sind. Einer der begehrenswertesten Schläge aus einem Hindernis ist der Spin, der auf dem Punkt liegenbleibt. Dieser Schlag ist die perfekte Rettung, wenn sich die Flagge gleich hinter der Bunkerkante befindet. Auch hier ist die Ansprechposition der Schlüssel zum Erfolg.

Für diesen Schlag öffne ich meinen Stand etwas weiter als bei einem normalen Bunkerschlag, also um etwa 40 Grad zum Ziel, und stelle die Füße etwas weiter auseinander. Diese Anpassungen sorgen dafür, daß mein Unterkörper passiver bleibt und meine Hände etwas tiefer liegen als sonst. Physisch wollen sie sozusagen dem Schlag ganz „nah" sein, wobei sie durch den Ball mit einem betonten Handgelenkseinsatz pflügen.

Und noch ein letzter Trick: Sie sollten am Schaft etwas tiefer greifen und dabei Ihren Griff leicht der Situation anpassen. Während die Schlagfläche bereits geöffnet ist, sollten Sie Ihre linke Hand etwas nach rechts drehen und Ihre rechte etwas nach links. Mit anderen Worten sollten Sie Ihre linke Hand etwas stärken und die rechte schwächen. Damit erreichen Sie einerseits, daß sich die

Um die offene Schlagfläche zu betonen, stelle ich mir vor, ich würde mit meinem linken Handgelenk „schneiden", um diesen Winkel durch den Treffmoment hindurch beizubehalten.

BUNKER TRAINING • 185

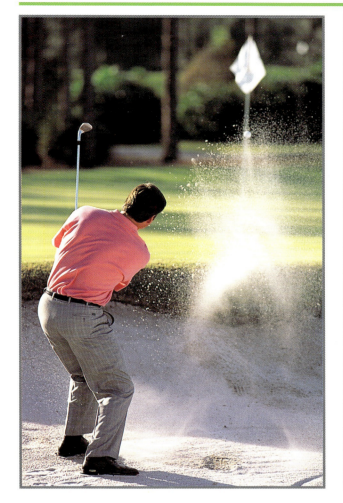

Schlagfläche während des Schwungs öffnet, und andererseits, daß sie auch im Treffmoment offen bleibt.

Wenn Sie den Ball einmal richtig angesprochen haben, sollten Sie sich darauf konzentrieren, einen U-förmigen Schwung zu machen, mit Hilfe dessen Sie mit geöffnetem Schlägerblatt unter dem Ball hindurchschlagen. Auch hier gilt die alte Regel, daß Sie Ihren Schwung an der Ausrichtung Ihres Körpers orientieren, wobei er ganz automatisch die Linie Ball-Ziel kreuzen wird. Und noch etwas sollten Sie ausprobieren: Drehen Sie im Rückschwung Ihr linkes Handgelenk, so daß der Schläger gen Himmel zeigt. Dabei werden Sie feststellen, daß sich die Schlagfläche weit öffnet. Ungeachtet der Härte Ihres Schlages wird der Ball mehr nach oben als nach vorne befördert.

Finden Sie heraus, wie kurz Sie trotz eines vollen Schwungs schlagen können. Vor allem bei pulvrigem Sand ziehe ich die Schlagfläche mit enormer Geschwindigkeit unter dem Ball durch und lasse ihn trotzdem nur einige Meter fliegen. Nun liegt es an Ihnen, herauszufinden, was möglich ist. Variieren Sie die Länge der Flugbahn mit der Geschwindigkeit Ihres Schwungs und einem niedrigeren Griff. Ich habe einmal Severiano Ballesteros beobachtet, der so tief ansetzte, daß er mit seiner rechten Hand fast das Metall berührte.

Nach dem Motto „Schlagen und vertrauen" führe ich mit meinem Eisen 9 den Rück- und Durchschwung aus. Das Ergebnis: Der Ball fliegt flach und rollt in Richtung Loch.

Nehmen Sie ein Eisen 9 für größere Weiten

Wenn zwischen Bunker und Flagge viel Grün zu überwinden ist – sagen wir 20 bis 40 Meter – dann ziehe ich dem Sandwedge ein Eisen 9 vor, vor allem dann, wenn das Grün erhöht liegt und der Ball rollen soll. Ich sorge dafür, daß der Ball nur ein paar Meter aus dem Bunker herausfliegt, wohl wissend, daß ein Schläger mit weniger Loft dem Ball Overspin verleiht und zum Loch rollen läßt. Jedenfalls ist dieser Schlag ein weiteres Eisen im Feuer.

Meine Ansprechposition entspricht der eines normalen Bunkerschlags, wobei ich meinen Körper zur Linie zum Ziel hin öffne und die Schlagfläche zur Fahne ausrichte. Auch greife ich tiefer am Schaft, um die größere Länge des Eisen 9 auszugleichen. Der Ball befindet sich gegenüber meiner linken Fußinnenkante. Der einzige wirkliche Unterschied besteht darin, daß ich den größten Teil meines Gewichtes auf die linke Seite verlagere. Dies hilft mir, einen steileren V-förmigen Schwung zu vollziehen. Nur so kann ich dumpf in den Sand schlagen und den Ball herausspringen lassen.

Beim Versuch, dies nachzumachen, sollten Sie auf jeden Fall bedenken, daß das Eisen 9 im Gegensatz zum Sandwedge nur eine schmale Sohle hat. Es ist daher wichtig, den Schwung positiv durchzuführen.

ÜBUNG

Verlagern Sie Ihr Gewicht nach links, und dreschen Sie in den Sand

Im Kapitel über das kurze Spiel gab ich den Rat, die rechte Ferse vom Boden anzuheben, um so ein Gefühl für den Schlag nach unten und durch den Ball zu bekommen. Dieselbe Übung ist auch hier hilfreich. Ich praktiziere sie regelmäßig, wobei ich die Bälle mit einem Eisen 9 auf Flagge zuschlage, die etwa 20 bis 40 Meter entfernt ist. Solange Sie Ihr Gewicht auf der linken Seite halten und den Schlägerkopf durch den Treffmoment hindurch beschleunigen, wird der Ball in einer Sandwolke aus dem Bunker fliegen und anschließend rollen.

Ich hatte die Gelegenheit, den japanischen Profi Isao Aoki bei jenen schwierigen langen Schlägen zu beobachten. Nur setzte er ein Eisen 7 oder 8 ein, das er tiefer griff und den Schlägerkopf in den Sand hackte.

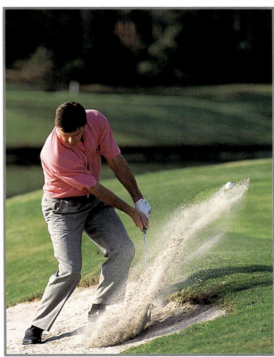

Der eingegrabene Ball – hacken Sie den Schlägerkopf in den Sand

Nichts ist schlimmer, als wenn Sie bei der geplanten Annäherung zum Grün feststellen müssen, daß sich der Ball in seine eigene Pitchmarke eingegraben hat. Aber glauben Sie nicht, Sie müßten einen Sandsturm entfachen, um Ihren Ball da wieder herauszubekommen. Es gibt einfachere und effektivere Methoden. Auch hier ist der Winkel der Schlagfläche entscheidend. Wenn der Ball nur teilweise eingegraben ist, dann müssen Sie mit der Schlagfläche so tief durch den Sand gleiten, daß Sie einen entsprechenden Divot aus dem Bunker befördern. Um dies zu erreichen, müssen Sie lediglich die Führungskante mehr square stellen, so daß der Schläger weniger stark aufprallt. Als Faustregel gilt: Je schlechter die Lage, desto geschlossener muß die Schlagfläche sein.

Stellen wir uns vor, der Ball befände sich halb eingegraben in weichem Sand. In diesem Fall würde ich einen relativ offenen Stand einnehmen, wobei der Ball etwas von der Mitte des Standes liegen sollte. Das meiste meines Gewichtes verlagere ich auf die linke Seite. Dann öffne ich die Schlagfläche nur für einen Bruchteil und konzentriere mich auf einen V-förmigen, steilen Schwung mit betontem Handgelenkseinsatz. Der anvisierte Angriffspunkt befindet sich ein paar Zentimeter hinter dem Ball. An diesem Punkt bohre ich den Schläger in den Sand und lasse ihn auch dort enden. Wenn Sie diesen Schlag trainieren, werden Sie überrascht feststellen, wie sehr Sie Kontrolle über den Ball haben. Alles hängt vom Gefühl ab. Je weiter der Ball rollen soll, desto mehr sollten Sie die Schlagfläche square stellen, und umso härter müssen Sie in den Sand schlagen.

Im extremen Fall eines völlig eingebohrten Balls lohnt es sich, mit einer leicht geschlossenen Schlagfläche zu experimentieren. Auch sollten Sie sich die Option für einen normalen Wedge offenhalten.

Wenn der Ball im Sand eingegraben ist, müssen Sie die Schlagfläche square stellen und ihn mit einem kontrollierten Schlag dort herausholen. Wichtig ist, daß Sie den Schlägerkopf in den Sand bohren und ihn dort auch belassen.

„Treiben" Sie den Schlägerkopf hangabwärts

Die Betonung liegt auf einem guten Gleichgewicht. Führen Sie Ihre Hände und Arme den Hang hinab, wobei Sie den Ball gewissermaßen aus dem Bunker „jagen".

Normalerweise können Sie darauf vertrauen, daß die meisten Bunker flach gestaltet sind und deshalb auch Ihr Ball so liegen wird. Aber Golf wäre nur halb so interessant, wenn Ihre Spielfertigkeit nicht immer wieder herausgefordert würde.

Die Lage hangabwärts erfordert zweifellos den schwierigsten Bunkerschlag, den man sich rund um ein Grün vorstellen kann. In Anbetracht der Tatsache, daß der Ball flach mit wenig oder fast ohne Backspin fliegen wird, müssen Sie sich darauf konzentrieren, den Schlägerkopf entlang des Hangprofils zu schlagen. Sie müssen den Ball gewissermaßen zum Ziel hin „treiben". Auch hier ist wieder die Ansprechposition entscheidend.

Wann immer Ihr Ball in solch eine schwierige Lage kommt, müssen Sie so darauf reagieren, daß Sie die Hanglage neutralisieren. In solch einem Fall neigen Sie auch Ihr Rückgrat entsprechend, so daß das größte Gewicht auf dem unteren Fuß lastet. Versuchen Sie, daß auch Ihre Hüften und Schultern parallel zum Boden ausgerichtet sind, zumindest aber so parallel wie dies noch bequem mög-

lich ist. Danach beugen Sie Ihre Knie, um das Gleichgewicht zu halten.
Auch hier greife ich den Schläger etwas tiefer, öffne aber die Schlagfläche nur geringfügig. Viel hängt freilich auch von der Qualität des Sandes ab, doch läßt sich allgemein sagen, daß Sie nicht viel auf das Abprallmoment aus sein sollten. Wenn Sie die Schlagfläche weit öffnen, laufen Sie Gefahr, den Ball mit der Führungskante und dementsprechend „dünn" zu treffen.

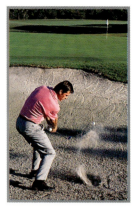

Wenn Sie einmal Ihre Grundstellung eingenommen haben, sollten Sie überprüfen, inwieweit ein normaler Rückschwung überhaupt möglich ist. Spielen Sie den Ball mehr zum rechten Fuß hin, winkeln Sie Ihre Handgelenke ab, und folgen Sie der Schwungbahn des Schlägerkopfes. Um überhaupt gute Chancen zu haben, den Sand nicht vorzeitig zu berühren, müssen Sie den Handgelenkseinsatz besonders betonen. Ganz sicher gehen Sie, wenn Sie Ihren beginnenden Rückschwung zwei bis drei Mal wiederholen. Wenn Sie endlich schwingen, sollten Sie Ihren Rückschwung wie geplant durchführen und dann Ihre Hände und Arme der Hangneigung folgen lassen. Stellen Sie sich vor, wie der Schlägerkopf den Sand unter den Ball treibt. Halten Sie vor allem Ihren Kopf ruhig, wenn Sie mit Ihrer rechten Hand durchziehen, und richten Sie sich so aus, daß Sie den Hang mit Hilfe der Ansprechposition neutralisieren.

Aggressiv im Hang

Die Lage hangaufwärts bietet eine viel einfachere Voraussetzung. In diesem Fall lehnen Sie sich so weit nach hinten, bis Sie einen dem Hang entsprechenden normalen Schwung ausführen können. Ihr rechter Oberschenkel trägt das größte Gewicht, und Ihre Knie haben die Funktion von Stoßdämpfern. Graben Sie Ihre Füße gut in den Sand ein, um eine feste Basis zu haben. Sie müssen das Gefühl haben, daß Ihr Körper fest verankert und völlig ausbalanciert ist.

Wenn Sie sich den Schlag vorstellen, müssen Sie bedenken, daß auch die geringste Steigung den effektiven Loft erhöht. Zwar muß man von Fall zu Fall abwägen, aber ganz allgemein sollte man die Schlagfläche nicht extra öffnen. Halten Sie die Führungskante square hinter dem Ball, wobei Sie tiefer greifen sollten. Versuchen Sie, aggressiv zu sein, und konzentrieren Sie sich auf einen ebenso weiten wie weichen Rückschwung. In diesem Fall gibt es keinen Grund, den Schläger schnell nach oben zu führen. Wichtig ist, daß Sie so knapp wie möglich hinter dem Ball in den Sand schlagen, ohne freilich zu dünn zu treffen. Die Bewegung ist eher nach oben als nach vorne gerichtet, so daß Sie keine Angst haben sollten, hart hangaufwärts zu schlagen.

Wenn ich einen besonders steilen Hang vor mir habe, konzentriere ich mich darauf, meinen linken Arm im Durchsschwung zu beugen und den Schlägerkopf hangaufwärts durch den Sand zu ziehen. Anders ausgedrückt, schlage ich in den Sand und ziehe die Schlägerfläche den Hang hinauf. Im Durchschwung sorge ich dafür, daß sich meine Hände zur linken Schulter hin bewegen und ich auf diese Weise dem Ball aus dem Bunker helfe. Dies ist jedenfalls eine Methode, die Sie ausprobieren sollten.

Weil viele Spieler es versäumen, die steile Flugbahn einzukalkulieren, bleiben sie häufig zu kurz. Sie sollten deshalb direkt die Flagge anpeilen.

BUNKER TRAINING • 193

194 • EIN SCHWUNG FÜRS LEBEN

ÜBUNG

„Lesen" Sie den Sand, und schätzen Sie sein Verhalten ein

In dem Moment, in dem Sie den Bunker betreten, beginnen Sie auch, seine Beschaffenheit zu beurteilen. Durch Ihre Füße erfahren Sie viel über die Qualität der Oberfläche und beginnen sogleich, darüber nachzudenken, wie Sie mit der Situation fertigwerden können. Die Kunst, wie Sie den Sand lesen sollen, lernen Sie nur durch Erfahrung. Trotzdem will ich Ihnen einige Richtlinien mit auf den Weg geben.

Zunächst hat der Schlägerkopf in weichem, pulvrigem Sand die Tendenz, sich recht tief einzugraben. Um dies zu vermeiden, müssen Sie Ihre Ansprechposition so modifizieren, daß Ihr Schwung eine U-Form beschreibt. Instinktiv werden Sie dazu übergehen, Ihr Gewicht auf beide Füße zu verteilen, wobei Sie die Schlagfläche so weit öffnen müssen, daß ein optimaler Abpralleffekt entsteht.

Im Gegensatz dazu müssen Sie auf festem oder feuchtem Sand, dessen Oberfläche vom Regen sogar noch verdichtet ist, dafür sorgen, daß sich der Schläger unter den Ball gräbt. Um dies zu erreichen, muß Ihre Ansprechposition so verändert sein, daß Sie einen V-förmigen Schwung ausführen können. Dazu sollten Sie den größten Teil Ihres Gewichtes auf die linke Seite verlagern und die Schlagfläche für diese Schläge square ausrichten.

Ein ebenso wichtiger Faktor wie die Qualität des Sandes ist die Lage des Balls im Bunker. Sie entscheidet letztlich darüber, was Sie realistisch erreichen können. Der mögliche Spin hängt direkt davon ab, wie tief Sie in den Sand eindringen müssen, um die Schlagfläche völlig unterhalb des Balls zu bekommen. Verschiedene Lagen erfordern verschiedene Reaktionen.

Kein Buch wird Ihnen allerdings je sagen können, wie hart Sie einen Ball in den unterschiedlichen Lagen schlagen müssen. Für den Sand müssen sie einfach ein Gefühl bekommen. In diesem Zusammenhang kann ich Ihnen nur zu einer Übung raten, die ich einmal von Gary Player übernommen habe. Es ist eine ganz einfache Übung, die Ihnen helfen wird, den Sand und die Ballreaktion einzuschätzen. Und so funktioniert sie: Plazieren Sie vier Bälle in einer Reihe, wobei alle Lagen vertreten sein sollten – von der perfekten Position auf dem Sand bis hin zum völlig eingegrabenen Ball. Versuchen Sie nun, mit dem gleichen lockeren Schwung diese Bälle zu schlagen, wobei Sie genau beobachten sollten, wie die Bälle beim Auftreffen aufs Grün reagieren.

Zunächst die perfekte Lage. Sie bereitet keine Probleme – es ist ein ganz normaler Bunkerschlag mit offener Schlagfläche, bei dem der Ball mit Backspin fliegt. Nur ein bis zwei Meter wird der Ball übers Grün rollen. Bei dem etwas eingegrabenen Ball würde ich etwas mehr die Schlagfläche öffnen, sonst aber genauso schwingen. Der Ball wird niedriger fliegen, dafür aber zwei bis drei Meter rollend zurücklegen. Der Effekt verstärkt sich immer mehr. So wird der dritte und halbeingegrabene Ball eine noch tiefere Flugbahn beschreiben und entsprechend mehr rollen, was nur vom ganz eingegrabenen Ball übertroffen wird.

Gehen Sie nun in den Übungsbunker, und versuchen Sie herauszubekommen, was Sie erreichen können.

Trainingsmethoden: Plazieren Sie eine Reihe von vier Bällen in immer schlechterer Lage. Bekommen Sie ein Gefühl dafür, was Sie aus dem Sand erreichen können.

196 • EIN SCHWUNG FÜRS LEBEN

Mittellange Schläge – so regulieren Sie die Entfernung

Sandschläge werden mit der Entfernung, die zum Grün hin zurückzulegen ist, immer schwieriger. Am heikelsten sind die Schläge aus einer mittleren Entfernung, sagen wir aus rund zehn bis 20 Meter.

Was ich anstrebe, ist, stets einen gleichgroßen Divot aus dem Sand zu schlagen, wobei ich einen Punkt etwa zwei Zentimeter hinter dem Ball anvisiere. Die zurückzulegende Distanz regle ich mit der Länge meines Schwungs und der progressiv zunehmenden Beschleunigung durch den Treffmoment. Meine Ansprechposition gleicht im Prinzip der Stellung, die ich auch bei einem Pitch vom Fairway einnehme, wobei ich meinen Körper leicht zum Ziel hin öffne und das Gewicht gleichmäßig auf beide Füße verteile. Der Unterschied ist lediglich, daß ich den Ball mehr zum rechten Fuß hin spiele und die Schlagfläche square ausrichte.

Indem ich mein Sandeisen etwas tiefer greife, konzentriere ich mich auf eine selbstbewußte Drehung, so daß mein Abschwung relativ flach gerät. Um auf den Sand möglichst etwa zwei Zentimeter hinter dem Ball zu treffen, mache ich einen kontrollierten vollen Rückschwung und versuche, die Entfernung mit meiner Beschleunigung durch den Treffmoment zu spüren. Für einen 20-Meter-Sandschlag würde ich einen nach oben gerichteten Schwung mit einem vollen

Bunkerschläge aus 30 bis 60 Meter erfordern Präzision. Zielen Sie auf einen Punkt, der sich etwa zwei Zentimeter hinter dem Ball befindet. Die Distanz müssen Sie mit der Länge und der Geschwindigkeit des Schwungs regeln.

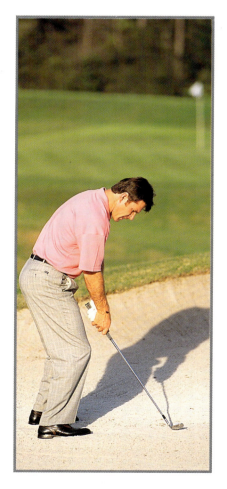
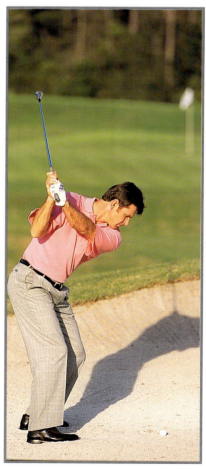
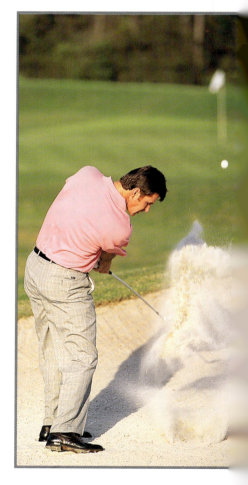

BUNKER TRAINING • 197

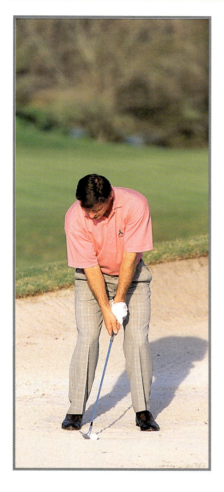 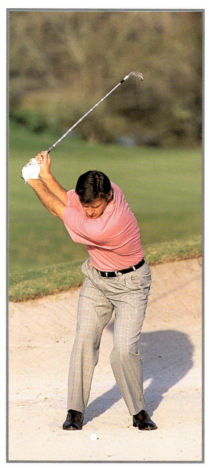 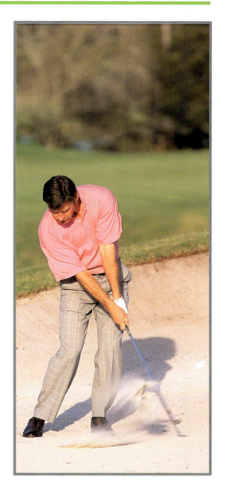

Finish empfehlen. Ein langsamerer Schwung mit einem Dreiviertel-Finish läuft auf einen Schlag über eine Entfernung von rund 35 Meter hinaus. Allerdings müssen Sie selbst Ihren Spielraum herausfinden.

Es muß wohl kaum erwähnt werden, daß ein flüssiger Rhythmus für das Schlagen des Balls aus dem Bunker ausschlaggebend ist. Versuchen Sie vor allem, Ihre Augen auf Ihr Ziel zu fixieren, das heißt, auf einen Punkt etwa zwei bis drei Zentimeter hinter dem Ball.

Wenn Sie vom Grün weiter entfernt sind, müssen Sie auch Ihre Strategie anpassen. Bei einer bestimmten Entfernung müssen Sie nicht mehr zuerst in den Sand schlagen, sondern gleich den Ball sauber treffen. Für mich liegt dies um 60 bis 70 Meter und ist zugleich auch der Grenzbereich meines Sandeisens. Ich spiele den Ball etwas mehr vom rechten Fuß, genauer gesagt gegenüber meiner rechten Fußinnenkante. Dann versuche ich, den Ball so sauber wie möglich in einem rhythmisch und ausbalancierten Schwung zu treffen. Ein etwas stärkerer Griff der linken Hand bewahrt mich davor, im Rückschwung zu steil zu schwingen. Diese Gefahr besteht immer dann, wenn die Ballposition im Stand etwas zurückversetzt ist. Indem Sie Ihre linke Hand etwas nach rechts von der üblichen Stellung drehen, unterstützen Sie im Aufschwung die korrekte Drehung Ihres linken Arms. Dies sorgt im Abschwung automatisch für den richtigen Auftreffwinkel.

Bei einer Entfernung von 60 bis 70 Meter müssen Sie Ihre Strategie ändern. Positionieren Sie den Ball im rückwärtigen Bereich Ihres Standes, und versuchen Sie, den Ball in einem vollen Schwung sauber zu treffen.

Fairway-Bunkerschläge – locker schwingen mit einem Schläger mehr

Wenn ich im Fairwaybunker lande, drehen sich meine Gedanken gleich um zwei Fragen: Mit welcher Lage muß ich fertigwerden, und wie ausgeprägt ist die Bunkerkante? Auf einen Nenner gebracht, entscheiden diese beiden Faktoren, was möglich ist und was nicht. Mein Rat – handeln Sie überlegt und nicht leichtsinnig. Gehen Sie ohne Schläger in den Bunker, und betrachten Sie die Lage des Balls. Zugleich sollten Sie über Ihre Füße herausfinden, welche Struktur der Sand hat. Wenn Sie die Möglichkeit haben, einen vollen Schwung zu machen, müssen Sie auch wissen, wie weit der Ball fliegen muß. Und – verfügt der Schläger, den Sie für diese Distanz benötigen, über eine ausreichend hohe Flugbahn, um die Bunkerkante zu überwinden? Dies alles sind Fragen, die Sie sich beantworten müssen.

Bei einer schlechten Lage müssen Sie auf Sicherheit spielen. Überlegen Sie, von welcher Stelle Sie den nächsten Schlag spielen wollen. Bestimmen Sie eine Sicherheitszone, und spielen Sie den einfachsten Weg zurück aufs Fairway. Muten Sie sich auf keinen Fall zuviel zu; es ist leicht, Schläge zu verlieren, doch viel schwerer, den Verlust wieder aufzuholen. Lassen Sie uns über ideale Bedingun-

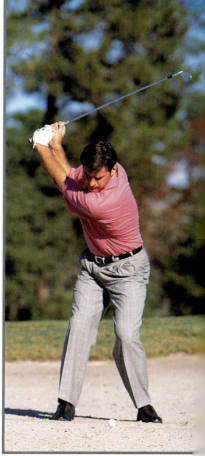

gen reden: Sie liegen etwa 120 Meter vom Grün entfernt, der Ball hat eine optimale Lage, und auch die Bunkerkante kann man vernachlässigen. Meine normale Reaktion in solch einem Fall ist, einen Schläger mehr zu nehmen. Wenn vom Fairway normalerweise ein Eisen 8 ausreichen würde, dann käme aus dem Bunker ein Eisen 7 in Frage. Durch dieses Mehr an Kraft bin ich in der Lage, ganz locker zu schwingen und trotzdem die erforderliche Distanz zu erreichen. Die Details bleiben fast unverändert. Den Ball spiele ich von der Mitte meines Standes, mein Gewicht ist gut auf beide Füße verteilt, und ich greife etwas tiefer am Schaft. Jetzt gilt es nur noch, einen seidig-weichen Schwung zu machen und den Ball sauber vom Sand zu schlagen. Sobald Sie jedoch bei dieser Art von Schlag zu viel Kraft einsetzen, können Sie den Halt verlieren, und Ihr Schwung ist gefährdet.

Ob dies nun meine Eigenart ist oder nicht – die Tatsache, daß ich meinen Körper im Abschwung leicht zum Ziel hinbewege, sorgt dafür, daß sich meine Hände vor dem Schlägerkopf befinden und ich so den Ball sauber treffe (denken Sie daran, daß es besser ist, den Ball zu „dünn" als zu „fett" zu treffen). Teilweise lege ich mich durch eine leichte Neigung in den Schlag hinein. Meine Augen sind auf die Rückseite des Balls gerichtet, und im Abschwung sage ich nur „aufrecht bleiben… und … beobachten". Mein Fußeinsatz ist minimal, während ich den Schläger zu einem vollen und ausbalancierten Finish beschleunige.

Entscheidend für einen guten Schwung ist die Rück- und Durchschwungbewegung des Oberkörpers bei gleichzeitig ruhigem Beineinsatz. Dies ist der Schlüssel für einen sauber getroffenen Ball.

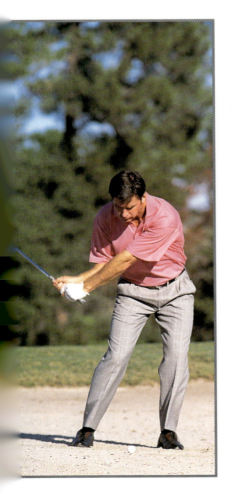
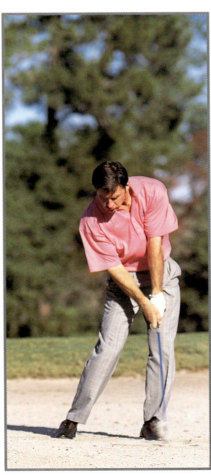

10

Das Spiel

*Wenn ich mich eines Tages vom Turnierzirkus zurückziehe,
möchte ich rückblickend auf meine Karriere sagen können,
daß ich eine hundertprozentige Leistung gebracht habe. Doch nicht nur,
was den Schwung selbst angeht, sondern auch in mentaler Hinsicht.*

Wenn Sie die Gelegenheit hätten, mich auf der ganzen Welt bei Profiturnieren zu begleiten und mit mir auf die Driving Range zu gehen, würden Sie aus erster Hand erfahren, wie viele Talente es heutzutage im Golfsport gibt. Ob im Fernen Osten, auf der amerikanischen Tour oder in Europa – der Wettbewerb ist so hochklassig geworden, daß nur die stärksten und entschlossensten darauf hoffen können, in dieser Szene zu überleben.

Nehmen wir nur die Art und Weise, wie sie den Ball schlagen und wie sich dies auf den Score auswirkt. Wie oft sehe ich junge Spieler, die auf der Range einen starken Eindruck hinterlassen, wo ihr Schwung freilich keinem Druck ausgesetzt ist und auch sonst nichts ihre Leistung beeinträchtigt. Auf dem Platz wird aus der Theorie plötzlich Realität, wird der Kampfgeist gefordert. Jedesmal, wenn Sie den Abschlag betreten, bewegen Sie sich auf unbekanntem Terrain, weshalb die jeweilige Leistung sehr stark vom Selbstbewußtsein und der mentalen Stärke abhängig ist. Ganz anders die Profis, die es schaffen, sämtliche unvorhersehbaren Hügel und schwierigen Lagen ganz spielend in einer normalen Runde zu verarbeiten. Ähnliches gibt es auch auf Clubebene: außergewöhnliche Golfer, die das Besondere haben, sei es das Gefühl in den Händen oder ein Magen, der mit Druck leicht fertig wird, oder Leute, die einfach den richtigen Instinkt haben.

„Sie können aus diesem Spiel nur soviel herausziehen, wie Sie bereit sind, zu investieren." Diese Philosophie trifft den Nagel auf den Kopf, und ich glaube fest an sie. Egal, wie Ihre persönlichen Ziele aussehen, sei es, daß Sie die Clubmeisterschaft gewinnen, daß Sie die 100 oder gar die 70 brechen wollen, für den Durchbruch benötigen Sie Entschlossenheit. Wenn Sie bereit sind, an Ihrem Spiel zu arbeiten und die vielen Möglichkeiten herauszufinden, werden Sie eine Entdeckungsreise machen…und wer weiß? Nachfolgend einige Ideen, die Sie bedenken sollten.

Gedankenspiele: Tun Sie so, als müßten Sie mit Ihrem 5er Eisen einen leichten Fade zum letzten Loch spielen. Oder gehen Sie aufs Grün, und stellen Sie sich vor, Sie würden aus 1,50 Meter zum Sieg bei der Open Championship einlochen.

Übungen für die Praxis

Ich bin sicher einer der ersten, der das Bälleschlagen auf der Driving Range gutheißt, wenn es darum geht, sich eine fehlerfreie Technik anzueignen. Für Wiederholung gibt es einfach keinen Ersatz. Trotzdem sollte man die Sache nicht zu eng sehen. Mit ein bißchen Vorstellungskraft kann man die eigentliche Herausforderung des Spiels erfahren.

Nachfolgend ein Trick, mit dem ich sowohl meine Vorstellungskraft als auch die Fähigkeit verbessere, Druck standzuhalten. Sagen wir, ich trainiere für die Masters in Augusta. Nachdem ich mein Aufwärmtraining absolviert habe, richten sich meine Gedanken auf die Spielstrategie. So stelle ich mir vor, ich würde am ersten Abschlag stehen und den Verlauf des Lochs geistig durchspielen. Schließlich nehme ich den passenden Schläger – in Augusta normalerweise einen Driver – und mache den ersten Schlag. Nachdem nun der Ball im Spiel ist, beobachte ich seine Flugbahn, und ich kann mir ziemlich genau vorstellen, wo er an diesen Loch normalerweise gelandet wäre. Mit Hilfe des Platzplanes errechnet mein Caddie die verbleibende Entfernung zum Grün. Auch beim nächsten Schlag gehe ich nach demselben Muster vor und so weiter. Diese Pseudo-Realität läßt sich noch weiter ausreizen. Wenn ich zum Beispiel einen schlechten Schlag gemacht habe und zufällig in Roughnähe stehe, dann droppe ich nicht selten einen Ball, um ihn anschließend so zu spielen, wie er wahrscheinlich auf dem Parcours liegen würde. Stets habe ich dabei das entsprechende Bild vor Augen und versuche, meinen Körper entsprechend zu bewegen. So sieht zusammengefaßt der Trick aus, wie Sie Ihr Training effektiver gestalten.

Aber auch Ihre geistige Verfassung können Sie mit dieser Methode insofern beeinflussen, daß Sie Ängste und Nervosität überwinden. Wenn Sie während des Trainings diese Vorstellungstechnik wiederholen, bekommen Sie einen guten Eindruck davon, inwieweit Ihr Schwung Druck aushalten kann. Fordern Sie sich selbst heraus, und beeinflussen Sie die Flugbahn des Balls so, wie Sie es draußen auf dem Platz erwarten würden. Wenn Sie ein bestimmtes „Bogey-Loch" fürchten, dann sollten Sie es im Kopf so oft durchspielen, bis Ihre Ängste abflauen.

Viel Sinnvolles wurde bisher über die mentale Seite des Spiels geschrieben. Dabei neigt man jedoch häufig dazu, eine eigentlich einfache Sache überzubewerten. Meine Philosophie lautet zusammengefaßt: Wenn es Sie nervös macht, wie Sie den Drive gerade aufs Fairway bringen sollen, müssen Sie so lange auf der Driving Range Bälle schlagen, bis Sie mehr Selbstvertrauen haben. Dasselbe gilt, wenn Sie einen kurzen Putt auf dem letzten Grün fürchten. Auch hier müssen Sie so lange üben, bis Sie Ihre Ängste überwunden haben. Je härter Sie trainieren, desto schneller kommen Sie zu dem Punkt, daß Sie sich über einen solchen Putt zum Matchgewinn freuen.

Nehmen Sie nur einen halben Schlägersatz

Nachfolgend noch eine Anregung, wie Sie Ihr Training interessanter gestalten können. Am Tag nach der Open 1992 in Muirfield spielte ich in Swinley Forest, einem von Bäumen gesäumten Platz in der Grafschaft Berkshire. Der alte Caddie, der mich am Clubhaus begrüßte, war fassungslos, als ich ihm nur eine leichte Tasche mit lediglich einem halben Schlägersatz reichte – ein Driver, die Eisen 2, 5 und 8 sowie einen Wedge und einen Putter. Diese Runde, bei der ich übrigens eine 65 spielte, habe ich wirklich sehr genossen.

Wenn Sie mit nur ein paar Schlägern in der Tasche über den Platz bummeln, werden Sie das denkbar angenehmste und sinnvollste Training absolvieren. Ich jedenfalls könnte stundenlang gegen mich selbst spielen, zum Beispiel mit zwei verschiedenen Bällen (gerade und ungerade Ziffer). Gibt es eine bessere Methode, die Qualität seiner Schläge zu verbessern und die Vorstellungskraft zu verbessern?

Gehen Sie vor allem sehr früh morgens oder spät abends auf die Runde, wenn es auf dem Platz ruhig ist. Völlig auf sich selbst gestellt, können Sie einmal wagen, einen geschnittenen Ball zu spielen und ein anderes Mal, den Ball zu punchen. Umspielen Sie Bäume, mal auf der einen, mal auf der anderen Seite.

Mehr als sonst lernen Sie mit nur ein paar Schlägern in der Tasche, wie Sie mit speziellen Situationen umgehen und die Entfernungen einschätzen müssen. Wenn Sie zum Beispiel im Normalfall ein Eisen 6 nehmen würden, nun aber keines bei sich haben, dann müssen Sie ein leichtes Eisen 5 spielen oder ein hart gespieltes Eisen 7. Der Trick dabei ist, daß Sie sich den Schlag vorstellen und sich vorher eine Landezone aussuchen müssen, um diese dann anzuspielen.

Wählen Sie ein Ziel, und konzentrieren Sie sich

Wenn Sie alleine spielen, sollten Sie die Gelegenheit nutzen, auf einem normalen Par-4-Loch ein einfaches Experiment durchzuführen. Teen Sie einen Ball auf der rechten sowie einen auf der linken Seite der Abschlagsmarkierung auf. Vergleichen Sie nun den Ausblick.

Wenn Sie, wie ich, normalerweise einen Fade spielen, werden Sie lieber von der rechten Seite des Tees abschlagen. Dies kommt Ihrer Schwungbahn entgegen und ermöglicht Ihnen den besten Überblick über das Fairway. Mit anderen Worten, es maximiert Ihren Zielbereich. Spielen Sie normalerweise einen Draw, werden Sie sich auf der linken Seite am wohlsten fühlen. Vergessen Sie nicht, daß keine Regel Sie daran hindert, außerhalb der Abschlagsmarkierungen zu stehen, so lange Sie innerhalb des Abschlages aufteen.

Der Tunnelblick. Egal, ob auf dem Abschlag oder auf dem Fairway, setzen Sie sich stets ein Ziel, und versuchen Sie, den Schlag vor Ihrem geistigen Auge abzuspulen.

In diesem Zusammenhang gibt es noch etwas zu bedenken. Die Regeln gestatten Ihnen, bis zu zwei Schlägerlängen hinter den Abschlagmarkierungen aufzuteen. Bei einem Par-3-Loch haben Sie so unter Umständen mehr Spielraum, vor allem, wenn die zurückzulegende Distanz eine Zwischenlänge ist. Angenommen, das Loch ist rund 145 Meter lang. Mit einem guten Schlag mit dem Eisen 6 erreiche ich rund 150 Meter, bleibe aber mit einem Eisen 7 zu kurz. Wenn ich nun etwa zwei Meter nach hinten versetzt abschlage, ist dies häufig der Unterschied zwischen einem lockeren und einem Schlag mit vollem Einsatz.

Und noch ein Rat: Nur selten schlage ich am Tee direkt vom Boden ab, deshalb sollten Sie als Notbehelf zumindest von einem erhöhten Grasbereich aus spielen. Wenn Sie schon die Gelegenheit haben, sich eine optimale Lage auszusuchen, sollten Sie sie auch nutzen.

Da ich jede Woche woanders ein Turnier spiele, bin ich natürlich ziemlich geübt darin, den Spielverlauf vom Abschlag zum Grün zu planen. Ich weiß genau, wie weit ich den Ball schlage, abgesehen davon, daß ich wie die meisten anderen Profis auch nach einer exakten Spielskizze vorgehe. So gehört für mich der Prozeß, das Ziel geistig anzuvisieren, zum vorbereitenden Teil der Spielroutine. Auch Sie sollten sich dies angewöhnen. Die nachfolgenden Regeln werden Ihnen helfen, etliche Schläge zu sparen.

Zunächst sollten Sie nicht auf dem Abschlag stehen und die gesamte Breite des Fairways als Ihren Zielbereich betrachten. Abgesehen davon, daß dies viel zu vage ist, öffnet es der Selbstzufriedenheit Tür und Tor. Auf diese Weise können Sie nie hoffen, immer gleichbleibend beständig zu sein. Die einzige Ausnahme ist, wenn Sie mit einem bestimmten Ziel Ihre Leistung testen wollen.

Der Schlüssel zur Konzentration besteht meiner Ansicht nach im sogenannten „Tunnelblick". Unter Berücksichtigung der natürlichen Gegebenheiten sollten Sie auf ein bestimmtes Objekt zielen, sei es ein Baum oder ein entferntes Hausdach, und sich dementsprechend ausrichten. Doch planen Sie auch einen Streubereich mit ein. Ich, zum Beispiel, kreise, wenn ich mit meinem Driver hinter dem Ball stehe, einen Landebereich von zehn Meter Breite auf dem Fairway ein. Dies ist recht bequem und auch eine realistischer Sicherheitsbereich.

Auch wenn Sie wenigstens die Flagge haben, um Ihr letztendliches Ziel zu bestimmen, müssen Sie sich ebenso beim Annäherungsspiel disziplinieren. So sollten Sie sich in der Zeit, während Sie zum Ball gehen, ein klares Bild über den bevorstehenden Schlag machen. An Ort und Stelle angekommen, ist es sinnvoll, sich hinter den Ball stellen. Versuchen Sie nun, den Ball zu „sehen", bevor Sie ihn spielen. Registrieren Sie sämtliche Gefahren rund ums Grün, und prägen Sie sich die Entfernungen und die Flaggenposition ein.

Allerdings sollten Sie auch Ihre Grenzen kennen und sich, wenn nötig, zurückhalten. So ist es wenig sinnvoll, die Flagge über jene Kante des Grüns anzugreifen, wo ein tiefer Bunker lauert. Spielen Sie auf der sicheren Seite, zielen Sie auf die Grünmitte, und nehmen Sie Ihre Chancen mit dem Putter wahr.

Schließlich möchte ich Sie noch darauf aufmerksam machen, wie wichtig es ist, die Tiefe des Grüns und damit zusammenhängend die Flaggenposition zu berücksichtigen. Viele Amateure, mit denen ich spiele, bleiben in der Regel zu kurz. Wenn ein Grün zum Beispiel vom vorderen bis zum hinteren Rand 40 Schritte mißt, könnten Sie jeden Schläger zwischen einem Eisen 7 und einem Eisen 4 nehmen. Deshalb: Nutzen Sie Ihren Strokesaver sorgfältig.

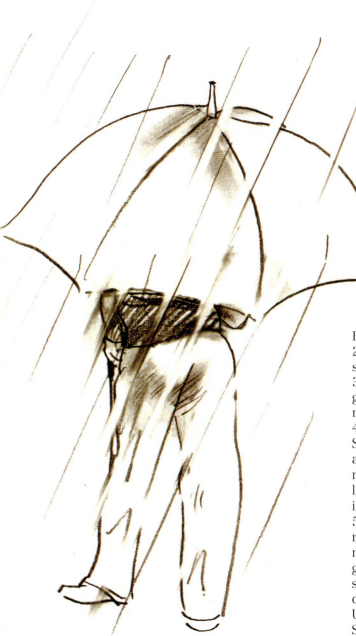

Bei Wind und Wetter

Häufig wurde ich im Golf Club Welwyn Garden City belächelt, wenn ich bei Wind und Wetter alleine auf der Driving Range stand. Doch wenn Sie auf alle Eventualitäten vorbereitet sein wollen, müssen Sie auch mit Regenbekleidung gut schlagen können.

Bedenken Sie, was Sie tun müssen, um das Optimum herauszuholen. Nehmen Sie einen höheren Schläger, zum Beispiel ein Eisen 8, und schwingen Sie locker – das ist eine meiner Schlechtwetter-Regeln. Da der Ball nicht sehr weit rollen wird, muß er die Strecke in der Luft zurücklegen. Als weitere Maßnahme würde ich etwas tiefer greifen, damit ich den Boden nicht zu fett treffe. Besonders bei extremen Bedingungen werden Sie auf diese Weise den Ball leichter vom Boden schlagen können. Nachfolgend noch einige Ratschläge, die Sie bei schlechtem Wetter berücksichtigen sollten:

1. Stecken Sie mindestens zwei Handtücher in Ihre Tasche.
2. Wenn Sie einen Handschuh tragen, sollten Sie Ersatz in einer Schutzhülle bei sich haben.
3. Beachten Sie, daß Ihre Regenbekleidung großzügig geschnitten ist und Sie bei Ihren Bewegungen nicht behindert.
4. Seien Sie rund ums Grün besonders vorsichtig. Schnell kommt es zu Oberflächenwasser, worauf Sie auf dem Weg zum Loch achten sollten, bevor Sie einen Ball rollen lassen wollen. Auch wenn Sie normalerweise mit einem Chip annähern würden, könnte in solch einem Fall die Luftlinie geeigneter sein.
5. Im Sand sollten Sie die Schlagfläche square ausrichten. Vor allem im Grünbunker, wenn der Sand naß und kompakt ist, wird der Schlägerkopf nicht so gut abprallen wie sonst. Deshalb müssen Sie dafür sorgen, daß sich die Führungskante eingräbt. Auch deshalb sollten Sie die Schlagfläche square halten. Unter besonders schwierigen Bedingungen können Sie ruhig Ihren Pitchingwedge einsetzen.
6. Beim Putten sollten Sie Breaks weniger berücksichtigen. Auf dem nassen Boden wird der Ball nicht so leicht abbiegen wie auf trockenen, schnellen Grüns.

Begrenzen Sie den Schaden

Schadensbegrenzung ist eines der Geheimnisse für einen beständigen Score. Wenn ich schon in eine schwierige Lage geraten bin, denke ich daran, wie ich wieder sicher zurück ins Spiel komme. Dazu muß man sich nur eine einfache Frage stellen: In welchem Verhältnis stehen Gewinn und Verlust zueinander? Wenn Sie so denken, wird sich die Antwort in der Regel von selbst ergeben. Zunächst müssen Sie die Lage des Balls beurteilen. Liegt er frei, und Sie können normal schwingen, dann sollten Sie alles tun, um wieder ins Spiel zu kommen. Doch schätzen Sie Ihre persönlichen Grenzen ab. In solch einem Fall schlage ich die sogenannte „90-Prozent-Regel" vor, was nichts anderes bedeutet, als daß Sie vom Gelingen des Schlages zu 90 Prozent überzeugt sein sollten. Wenn dem so ist, dann müssen Sie es tun. Wenn nicht, sollten Sie sich für den konservativen Weg entscheiden.
Langes Gras bereitet Ihnen weitere Probleme. Jedesmal, wenn Ihr Ball im Rough landet, besteht die Gefahr, daß sich beim Herausschlagen Gras um die Gelenkhülse wickelt. Die Sohle der Schlagfläche verdreht sich, und Sie verziehen Ihren Ball nach links. Das könnte dann bedeuten, daß Sie den Ball völlig eingraben. Um dieser Gefahr aus dem Wege zu gehen, sollten Sie den Schläger mit Ihrer linken Hand etwas fester greifen und die Schlagfläche in der Ansprechposition ein wenig öffnen. Schließlich sollten Sie einen ziemlich steilen Rück- und Abschwung machen und auf die Rückseite des Balls zielen. Schützen Sie sich auch vor sogenannten Überfliegern. Dieses Risiko besteht vor allem bei kurzem, nassem Rough. Ein gutgetroffener Ball fliegt unter Umständen zehn bis 20 Meter weiter als normalerweise. Gras gerät zwischen Schläger und Ball, so daß er nur wenig oder gar keinen Backspin erhält.

Wenn der Ball höher liegt...

Eine absolut ebene Lage können Sie nur auf dem Abschlag erwarten. Ansonsten ist das Ganze ein Lotteriespiel. Sie können einen perfekten Schlag mitten aufs Fairway plazieren, um dann festzustellen, daß Sie genau in einem Divot gelandet sind. Oder der Ball liegt höher oder niedriger, als Sie selbst stehen. Auch darauf müssen Sie eingerichtet sein.

Als Faustregel gilt, den Schläger in einer solchen Lage etwas kürzer zu greifen. So bekomme ich ein besseres Gefühl der Kontrolle. Danach passe ich meinen Stand der Lage an, um im Schwung das Gleichgewicht halten zu können. Dies ist das ganze Geheimnis. Wenn der Ball oberhalb Ihrer Füße liegt, werden Sie automatisch das Bedürfnis haben, sich aufrechter zu stellen. Verteilen Sie Ihr Gewicht gleichmäßig auf beide Füße, wobei der Ball genau in Mitte des Standes liegen sollte.

Schließlich müssen Sie die Tatsache hinnehmen, daß Ihr Schwung in dieser Lage recht flach und abgerundet gerät, so daß der Ball eine Flugkurve von rechts nach links beschreiben wird. Berücksichtigen Sie dies bei der Planung Ihres Schlags. Richten Sie sowohl Ihren Körper als auch die Schlagfläche etwas rechts vom Ziel aus, und konzentrieren Sie sich darauf, ausbalanciert und rhythmisch zu schwingen.

Und nun noch ein Trick für fortgeschrittene Spieler. Wenn ich die Hanglage neutralisieren muß (zum Beispiel mit einem gegenläufigen Spin, damit der Ball gerade fliegt), versuche ich, die Sohle des Schlägers schneller durch den Treffmoment zu führen als die Spitze des Schlägers. Das zumindest ist in diesem Moment mein Schwunggedanke.

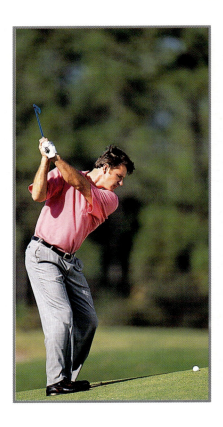
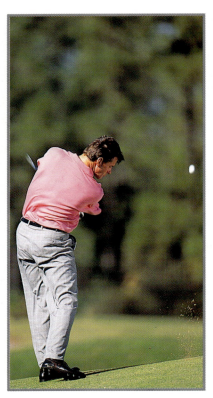

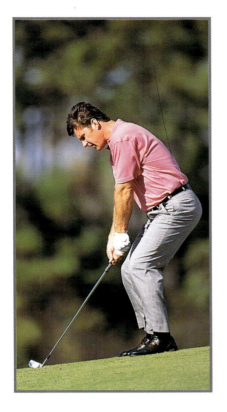 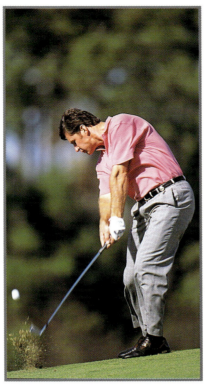 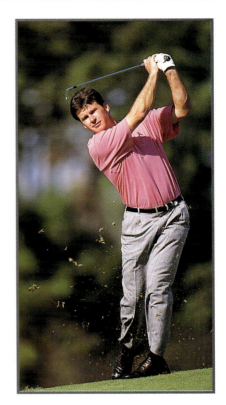

Wenn der Ball niedriger liegt...

Im ganzen Buch habe ich immer wieder auf die Rolle der Knie beim Schwung hingewiesen. Auch nachfolgend mache ich keine Ausnahme. Jedesmal, wenn Ihr Ball tiefer liegt als Ihre Füße, was zweifellos der schwierigere Schlag von beiden ist, kommt es besonders auf Ihre Knien an. Wenn Sie den Ball ansprechen, nutzen Sie sie als Stoßdämpfer, und versuchen Sie, einen stabilen Stand einzunehmen, damit Sie Ihren Oberkörper im Gleichgewicht drehen können.
Nehmen Sie einen breiteren Stand ein als normal, und beugen Sie Ihre Knie so weit, bis auch Ihr Rückgrat einen verhältnismäßig normalen Winkel eingenommen hat. Während Sie sich nach vorne lehnen, sollten Sie Ihr Gesäß nach hinten drücken und dabei fühlen, wie sich Ihr Gewicht auf die Fußballen verlagert.
Bei diesem Schlag wird Ihr Schwung etwas aufrechter sein, so daß der Ball von links nach rechts fliegt. Wichtig ist, daß Sie sich korrekt ausrichten und einen entspannten, weichen Schwung ausführen. Die Flugbahn von links nach rechts kostet Weite, weshalb Sie einen oder zwei Schläger mehr nehmen sollten, aber locker schwingen müssen.
Ambitionierte Spieler sollten auch hier experimentieren und versuchen zu lernen, wie man trotz der hängenden Lage einen geraden Schlag zustandebringt. In diesem Fall würde ich mich darauf konzentrieren, die Schlägerspitze im Treffmoment ähnlich wie beim Draw „über" die Sohle zu drehen. Mit einiger Übung werden Sie in Ihren Händen und Armen ein Gefühl dafür entwickeln, wie Sie die Neigung des Hangs neutralisieren können.

Steigungs- und Hanglagen

Wenn Ihr Ball hangaufwärts liegt, wird er automatisch höher fliegen, da der Winkel des Hangs den Loft erhöht. Als Faustregel gilt, daß Sie immer einen Schläger mehr nehmen sollten, als die Weite es eigentlich erfordert. Das Gegenteil gilt für Hangabwärts-Lagen. Bei einem Schlag den Berg hinab, hat der Schläger im Treffmoment tatsächlich weniger Loft, so daß der Ball eine niedrigere Flugkurve beschreibt. Logisch, daß Sie auch einen Schläger weniger nehmen sollten.

Es gibt zwei Methoden, mit diesen Schlägen fertigzuwerden. Zunächst die Steigung: Bei einer leichten Hanglage würde ich vorschlagen, den Winkel auszugleichen, indem Sie Ihren Körper so weit nach rechts neigen, daß Ihr Rückgrat senkrecht zum Boden steht. Anders ausgedrückt: Nehmen Sie eine normale Ansprechposition mit einer leichten Neigung ein, wobei Ihr Gewicht automatisch auf dem hinteren Fuß lastet.

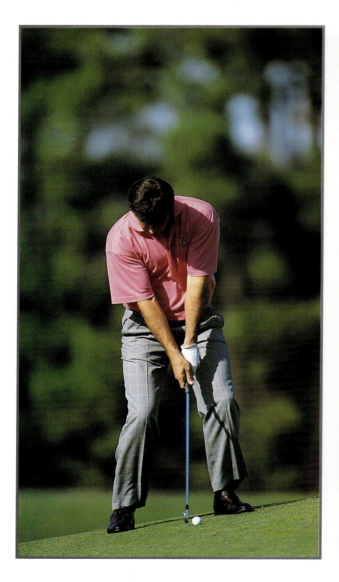

Sobald Sie ein gutes Gleichgewicht haben, können Sie verhältnismäßig normal schwingen. Der Schwungradius wird sich im Treffmoment automatisch der Hanglage anpassen. Schwingen Sie locker, und denken Sie daran, auf jeden Fall einen Schläger mehr zu nehmen, um die höhere Flugbahn auszugleichen. Bei steiler Hanglage entsteht das Problem, daß Sie den Ball niedrig halten müssen.
Wenn Sie sich jedoch entsprechend der Neigung zurücklehnen, könnte es recht schwierig werden, den Ball nach vorne zu schlagen. Als Alternative lehne ich mich sogar leicht gegen den Hang, wobei mein rechtes Bein relativ gestreckt und mein linkes so weit gebeugt ist, daß ich mein Gleichgewicht halten kann. Um die entsprechende Weite zu erzielen, müssen Sie einen, wenn nicht gar zwei Schläger mehr nehmen und einen kontrollierten Punch mit einem Dreiviertel-Schwung spielen.

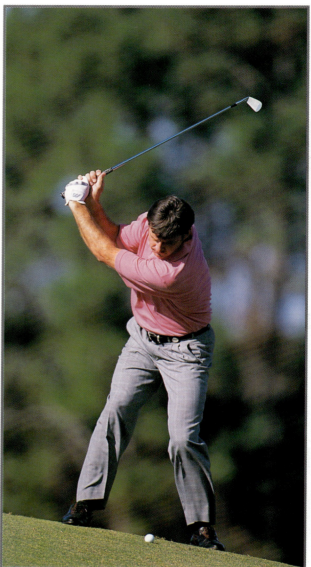

Der Schlüssel für diesen Schlag ist das Aussehen des Durchschwungs. Sehen Sie, wie ich meinen linken Arm gleich nach dem Treffmoment beuge. Nicht vergessen, es handelt sich bei diesem Schlag um einen Dreiviertel-Punch. Gefühlsmäßig schlage ich gegen den Berg an und ziehe dann die Schlagfläche den Hang hinauf, so daß kaum ein Divot entsteht.

Hangabwärts ist zweifellos die schwierigste der sogenannten Problemlagen. In solch einem Fall haben Sie eigentlich nur eine Wahl. Sie müssen den Ball entsprechend der Hangneigung ansprechen, wobei Ihr Rückgrat senkrecht zum Boden steht und Ihr Gewicht auf dem niedrigeren Fuß lastet. Üben Sie Ihre Ansprechposition bei einem Probeschwung, und versuchen Sie dabei ruhig, ein Divot zu schlagen. Dies wird Ihnen zeigen, wo der Schläger den Boden trifft, so daß Sie dies beim tatsächlichen Schlag berücksichtigen können.

Besonders schwierig an dieser Lage ist, den Ball in die Luft zu bekommen. Wegen des Hangs hat der Schläger weniger Loft, so daß der Ball niedrig und mit wenig oder gar keinem Spin fliegen wird. Bedenken Sie also genau, wo der Ball landen soll, und kalkulieren Sie ein, daß er eine große Wegstrecke zum Ziel rollend zurücklegt.
Jedesmal, wenn ich mit einer schwierigen Abwärtslage fertig werden muß, konzentriere ich mich auf einen steilen Rückschwung und spiele einen geschnittenen Ball. Auf diese Weise fällt es mir leichter, unter den Ball zu kommen, obwohl man dabei einen recht bedeutenden Fade in Kauf nehmen muß. Ein guter Schwunggedanke ist auch, den Ball mit dem Schlägerkopf gewissermaßen hangabwärts zu „jagen".
Wichtig ist, daß Sie den Schläger frei fliegen lassen und dabei unten bleiben.

Lange Eisen

Es ist nicht einfach, den Ball mit langen Eisen in die Luft zu bekommen. Ich kann mich gut daran erinnern, daß ich als junger Spieler damit Probleme hatte. Allerdings ist der Grund dafür eher psychologisch als physisch. Einer der besten Ratschläge, die ich in diesem Zusammenhang erhielt, lautete: Wenn Sie den Schläger vom Ball wegbewegen, sollten Sie an der Grasnabe entlangschaben und schließlich, im Durchschwung, die Halme jenseits des Balls in einer wischenden Bewegung absäbeln. Üben Sie ruhig mit den Worten „das Gras schaben, ... den Ball wischen". Je länger die Schläger werden, desto wichtiger ist

auch das Finish. Beim Schlagtraining sollten Sie sich daran gewöhnen, im Finish Ihr Körpergewicht auf die linke Seite zu verlagern. Die rechte Schulter sollte der Körperteil sein, der dem Ziel am nächsten ist. Lassen Sie den Schläger frei fliegen, und wickeln Sie den Schaft förmlich um Ihr Genick. Und denken Sie daran, daß es einfach besser ist, sich durch den Ball nach vorne zu bewegen. Beobachten Sie zum Beispiel Gary Player, wie er seinen langen Schlägen folgt. Neigen Sie sich hingegen nach hinten, so werden Sie den Ball entweder toppen oder, schlimmer noch, fett treffen. Niemals sollten Sie die Vorstellung haben, mit einem langen Eisen härter als mit einem kurzen schwingen zu müssen. Wesentlich sinnvoller ist es, langsamer zu schlagen.

Bei kahlem Boden – „rasieren" Sie den Ball

Entscheidend bei einem Schlag von kahlem Untergrund ist, daß die Führungskante des Schlägers den unteren Bereich des Balls sauber trifft. Stellen Sie sich vor, bis zum Grün noch rund 30 Meter zu haben. Der Ball liegt auf hartem und kahlem Untergrund, und es befindet sich auch noch ein Bunker zwischen Ihnen und dem Loch. In solch einem Fall, wenn Sie also ganz sicher Loft benötigen, müssen Sie die Schlagfläche völlig square ausrichten. Auf diese Weise reduzieren Sie die Gefahr des Abprallens im Treffmoment. Um einen guten Auftreff-

winkel sicherzustellen, sollten Sie den Ball etwas mehr zum rechten Fuß hin spielen.

In diesem Fall müssen Sie unbedingt vermeiden, sich zu verspannen. Viele Amateurspieler greifen fester, wenn sie unter Druck sind, was für einen weichen Schwung tödlich ist. Tatsächlich versuche ich genau das Gegenteil. Wenn ich lockerer greife, kann ich meine Handgelenke entspannen und sie unbeeinträchtigt im Rück- und im Durchschwung abwinkeln.

Seien Sie an Ort und Stelle

Weitverbreitet beim Golf ist der Fehler, zu weit vorauszudenken. Auch mir passiert dies manchmal, was eigentlich ein Kompliment für den Platz ist, den man gerade spielt. Nehmen wir den Augusta National. Manchmal wandern meine Gedanken zum 12. Loch, lange bevor ich an dieser gemeinen kleinen Bahn überhaupt angekommen bin. Ähnliches passiert mir auch am 16. Loch von Cypress Point, ein Par 3 mit einem langen Schlag über das Meer. Es ist wohl überflüssig zu sagen, daß eine Runde Golf über 18 Löcher geht und daß diese alle gleich wichtig sind. Wenn Sie gelernt haben, immer nur ein Loch zur Zeit zu spielen, wird sich auch Ihr Score verbessern. Um Ihr Potential auszuschöpfen, müssen Sie die Fähigkeit haben, sich lediglich auf den nächsten Schlag beziehungsweise ein einziges Loch zu konzentrieren.

Gelegentlich kommt es vor, daß ich eine Runde beende, ohne genau zu wissen, wie viele Schläge ich benötigt habe. Im Prinzip ist dies der erstrebenswerte Zustand, und ich wünschte, es würde mir öfter passieren. Amateure rechnen nicht selten im voraus aus, daß sie „nur noch dreimal Par spielen" müssen, um das beste Ergebnis ihrer Laufbahn zu erzielen. In diesem Augenblick verlieren Sie den Blick für das, was unmittelbar zu tun ist und machen Fehler. Sobald Sie beginnen, bereits auf dem Platz Ihre Siegerrede zu formulieren, sind Sie in Schwierigkeiten. Wenn Sie wirklich gewinnen wollen, müssen Sie mit Ihren Gedanken an Ort und Stelle bleiben. Die besten Spieler der Welt sind jene, die einen Schlag spielen und diesen sogleich vergessen. Ein Birdie haken sie übrigens ebensoschnell ab.

Wenn Sie an einem Loch schlecht gespielt haben, streichen Sie es aus Ihrem Gedächtnis. Selbst wenn ich eine 7 gespielt habe, versuche ich mir einzureden, eine Woche sei inzwischen verstrichen. Kurz: Vergessen Sie es!

So gewinnt man im Matchplay

„Verschenken Sie nicht einen Zentimeter", das ist, auf einen Nenner gebracht, meine Philosophie beim Matchplay. Lassen Sie Ihren Gegner ruhig Löcher gewinnen, aber verschenken sollten Sie nichts. So lange sich ein Spieler mit mir ein Kopf-an-Kopf-Rennen liefert und dabei Birdies spielt, in Ordnung, wenn auch ich zu 100 Prozent meine Leistung erbracht und mir nichts vorzuwerfen habe. Niemals aufgeben, heißt meine Devise. Ein gutes Beispiel dafür war das Finale der World Matchplay Championship 1993 in Wentworth, bei dem ich gegen den amerikanischen Ryder-Cup-Spieler Corey Pavin antreten mußte. Das letzte Loch war eigentlich eine Katastrophe. Nachdem ich mich mühsam in die Entscheidung um den Titel zurückgekämpft hatte, machte ich an dem kurzen Par-5-Loch einen viel zu hohen Abschlag, gefolgt von einem verzogenen 3er Holz in die Bäume, die sich rechts vom Grün befinden. Pavin hingegen hatte nach einem guten Drive den Titel eigentlich schon in der Tasche, zumal ich wegen der unspielbaren Lage einen Strafschlag hinnehmen mußte. Nach zwei weiteren Schlägen lag ich mit einer 5 auf dem Grün. Doch dann lochte ich aus sechs Meter Entfernung ein und zwang Pavin damit, seinen eigenen durchaus verfehlbaren Putt aus 1,20 Meter ebenfalls einzulochen, um ein Par zu erzielen und das Match zu gewinnen. Und genau darin liegt die Crux: Ich habe ihn unter Druck gesetzt, und es lag allein an ihm, das Turnier zu gewinnen.

Dazu einige Anmerkungen.

Sorgen Sie dafür, daß der Druck aufrechterhalten bleibt. Sollten Sie gerade ein Loch gewonnen haben, und das nächste Loch ist ein Par 3, dann geben Sie sich besondere Mühe, das Grün zu treffen. Wenn Sie es hingegen verfehlen, können Sie fast versichert sein, daß Ihr Gegner es treffen wird. Und schon kippt das Spiel.

Erwarten Sie nicht, daß man Ihnen Putts aus 50 Zentimeter Entfernung schenkt. Deshalb sollten Sie vor einem Spiel genau diese Putts aus 60 bis 80 Zentimeter trainieren, um bei diesen „läppischen" Putts das nötige Selbstvertrauen zu haben. Schließlich würde ich besonders am kurzen Spiel feilen. Nichts bringt einen Gegner wohl mehr aus dem Konzept, als wenn Sie das Blatt immer wieder drehen können und in Führung gehen.

Lassen Sie sich durch einen guten Driver nicht aus dem Konzept bringen. Ehrlich gesagt ist es besser, beim zweiten Schlag die Ehre zu haben und den Gegner, der weiter abgeschlagen hat, wieder unter Druck zu setzen. Egal, wie weit Sie den Ball schlagen können, es ist wesentlich schwieriger, eine gute Annäherung zustande zu bringen, wenn der Ball Ihres Gegners bereits auf dem Grün in der Nähe des Lochs liegt.

Gehen Sie keine unnötigen Risiken ein, obwohl dies freilich vom Stand des Matches abhängt. Wenn Sie vier down liegen und nur noch vier Löcher zu spielen haben, dann haben Sie wirklich nichts zu verlieren. Zocken Sie, was das Zeug hält. Wenn Sie jedoch ungefähr gleichauf liegen und Ihr Gegner ins Aus spielt, sollten Sie Ihre Strategie überdenken. Lassen Sie den Driver stecken, und schlagen Sie den konservativen Weg mit einem Eisen 3 ein.

Aus Fehlern lernen

Fehler sind ein normaler Bestandteil des Lernprozesses. Sie sind nicht selten demütigend und können viel Geld kosten. Aber sie sollten einen stets vorwärts bringen. So gibt es Ereignisse, die Sie nie vergessen werden. Ich muß zum Beispiel immer an ein Turnier in Italien denken. Damals brauchte ich nur einen guten Chip, um auf den letzten Löchern Anschluß an die Führungsspitze zu halten. Obwohl es keinerlei Hindernis gab, nahm ich einen Wedge und blieb viel zu kurz. Auch den Anschlußputt konnte ich nicht einlochen, worauf ich sämtliche Chancen verspielt hatte. Solche Momente vergißt man nie. Jedesmal, wenn ich mich in einer ähnlichen Situation befinde, bin ich schnell geneigt, zum 8er oder 9er Eisen zu greifen, nur damit der Ball auch wirklich das Loch erreicht. Es gibt noch weitere Beispiele. Das Entscheidende ist, daß ich dabei immer etwas lerne.

Vor allem, seien Sie ehrlich zu sich selbst. Wenn Sie einen Fehler machen, geben Sie es ruhig zu. Jeder Golfer besitzt eine Art geistiges Archiv der Ereignisse. Deshalb ist es keine schlechte Idee, sich nach einem Spiel von den entscheidenden Schlägen oder schlechten Entscheidungen Notizen zu machen. Am besten gleich nach der Runde auf der Driving Range, wenn die Erinnerungen noch frisch sind. Das ist jedenfalls die professionelle Methode.

Ich hasse es, wenn Leute mich auf Fehler aufmerksam machen, aber ich bin nicht so eitel, Fehler nicht vor mir selbst zuzugeben.

DAS SPIEL • **221**

Turnier-Siege

1977	Skol Lager Individual
1978	Colgate PGA Championship
1979	ICL Tournament (SA)
1980	Sun Alliance PGA Championship
1981	Sun Alliance PGA Championship
1982	Haig TPC
1983	Paco Rabanne French Open
	Martini International
	Car Care Plan International
	Lawrence Batley
	Ebel Swiss Masters
1984	Heritage Classic (US)
	Car Care Plan International
1987	Peugeot Spanish Open
	Open Championship
1988	French Open
	Volvo Masters
1989	US Masters
	Volvo PGA Championship
	Dunhill British Masters
	French Open
	Suntory World Match Play Championship
1990	US Masters
	Open Championship
	Johnnie Walker Asian Classic
1991	Carolls Irish Open
1992	Carolls Irish Open
	Open Championship
	Scandinavian Masters
	European Open
	Toyota World Match Play Championship
	Johnnie Walker World Championship
1993	Johnnie Walker Classic
	Carolls Irish Open
1994	Alfred Dunhill Open
	Million Dollar Challenge
1995	Doral Ryder Open

Fotos

Außenaufnahmen

Die Außenaufnahmen entstanden mit einer Hochgeschwindigkeitskamera, die in der Lage ist, 14 Bilder pro Sekunde zu machen (2,5 Sekunden für einen ganzen Film). Technisch gesehen reicht auch das nicht aus, um den Treffmoment einzufrieren, weshalb Nick Faldo mindestens sechs Bälle von derselben Position aus spielen mußte.
Die übrigen Aufnahmen entstanden mit Hilfe einer Canon EOS Autofocus Kamera. Als Objektive wurden Weitwinkel (20-35 mm, f 2,8) und ein Teleobjektiv (600 mm, f 4) verwendet. In der Regel jedoch genügte ein 200-mm-Objektiv mit f 1,8, das sich vorzüglich für Golfplatzaufnahmen eignet.
Das Filmmaterial: Fuji Velvia 50. An vier Tagen wurden fast 150 Filme belichtet.

Innenaufnahmen

Die Innenaufnahmen wurden in einem Londoner Fotostudio hergestellt. Auch hier war das Team auf die kooperative Mitarbeit Nick Faldos angewiesen. Diese Fotos wurden mit einer Mamiya 645 Profi-Kamera mit 135-mm-Objektiv aufgenommen. Filmmaterial: Fuji Mrovia 100.